KB234200

학교가 두려운 아이, 즐거운 아이

학교기피증·시험공포증 우리 아이 학교 스트레스 완전정복!

학교가 두려운 아이, 즐거운 아이

초판 1쇄 발행 | 2008년 4월 15일

지은이 | 디터 크로바체크, 홀거 돔슈
옮긴이 | 고영아
발행인 | 김태진
편집인 | 승영란
교정·교열 | 김해영
디자인 | Design co∗KKIRI
마케팅 | 함송이

펴낸 곳 | 에디터
주소 | 서울특별시 마포구 공덕동 105−219 정화빌딩 3층
문의 | 02−753−2700, 2778 FAX 02−753−2779
인쇄 | 미래프린팅
등록 | 1991년 6월 18일 제1−1220호

값 | 10,000원

ISBN 978−89−92037−28−0(03370)
※잘못된 책은 구입하신 곳에서 바꾸어 드립니다.

학교가 두려운 아이 즐거운 아이

디터 크로바체크 · 홀거 돔슈 지음 | 고영아 옮김

두려움이 없는 사람은 상상력도 없다

– 에리히 케스트너

오래 전부터 부모들은 '두려움이 아이를 바보로 만든다'고 생각해 왔다. 연구 결과에 따르면 두려움과 학업성적 사이에 뚜렷한 상관관계가 있는 것은 아니다. 그렇지만 학업성적에 대한 부담이 커짐에 따라 두려움에 시달리거나 시험을 망치는 아이들이 적지 않을 뿐만 아니라 심지어는 수업을 빼먹거나 아예 등교를 하지 않는 아이들까지 있다는 것 또한 사실이다. 그럼에도 불구하고 아이들의 일상에서 갖가지 시험들, 좋은 성적에 대한 요구 그리고 갈등을 일으키는 상황들은 피할 수 없는 현실의 일부이다. 어린이와 청소년 가운데 심한 두려움 때문에 고통받는 경우는 5퍼센트 정도 되는 것으로 추정된다. 그러나 학교에 대한 두려움 또는 시험에 대한 두려움을 느끼는 아이들의 비율은 그보다 훨씬 높다.

많은 아이들이 두려움 때문에 온몸이 마비된 것처럼 느껴지고 아무것도 분명하게 생각할 수 없으며 배운 것이 전혀 기억나지 않는 순간을 확실하게 의식한다. 어떻게든 그런 상황을 피하려는 생각이 심리적인 불안이나 두통, 복통, 구역질, 호흡곤란 또는 그와 비슷한 증세 등의 신체적 고통을 수반하는 경우도 적지 않다.

이 책은 두려움을 불러일으키는 여러 가지 상황 및 각종 시험들과 관련하여 구체적인 사례들을 통해서 아이들과 부모들 그리고 교사들에게 도움이 될 만한 다양한 방법들을 제공한다. 이 방법들은 두려움으로 인해 발생하는 문제가 아직 전문적인 치료가 필요한 단계까지 진행되지 않았을 경우에 적합하다.

여기에서 소개하는 내용은 두려움 때문에 학교생활이 고통스러운 학생들과 부모들 그리고 교사들이 그 두려움에 즉각적으로 대처하는 데 사용할 수 있는 방법들이다. 이 방법들은 어린이와 청소년을 대상으로 한 스트레스 방지 프로그램 그리고 인지심리학에 근거한 행동 치료와 학습 치료에 실제로 사용되었던 것들로 놀랄 만큼 간단한데도 불구하고 두려움을 불러일으키는 다양한 상황에서 도움이 되었던 것들이다.

아침에 등교 준비를 할 때면 매번 되풀이되는 옥신각신에서부터 학교에서 치르는 크고 작은 시험에 대비할 때마다 발생하는 갖가지 문제들과 시험 직전 스트레스에 이르기까지 아이가 겪고 있는 문제에 대하여 부모는 분명한 대응책을 제시함으로써 아이가 어려움을 극복하거나 상황을 개선시키는 데 도움을 줄 수 있다.

이 책에 소개하는 방법들은 우리가 운영하는 상담 클리닉에서 실제로 효과가 입증되었던 방법들이다. 혼자서는 학교 갈 엄두를 내지 못했던 자니나는 '점수 모으기' 방법의 도움으로 혼자서 학교에 갈 수 있게 되었다. 덕분에 엄마는 큰 부담에서 벗어나게 되었으며 식구들은 정상적인 가정생활로 돌아갈 수 있게 되었다. 대학 진학을 위한 필기시험을 치른 스벤도 시험 전에 긴장을 덜기 위해 이 책에 나와 있는 호흡법 몇 가지를 써 보았더니 효과가 있었다면서 그렇게 간단한 것인 줄 몰랐다고 말했다.

이 책의 모든 독자에게 행운이 가득하길, 그리고 많은 용기와 적당량의 두려움이 함께하길!

디터 크로바체크, 홀거 돔슈

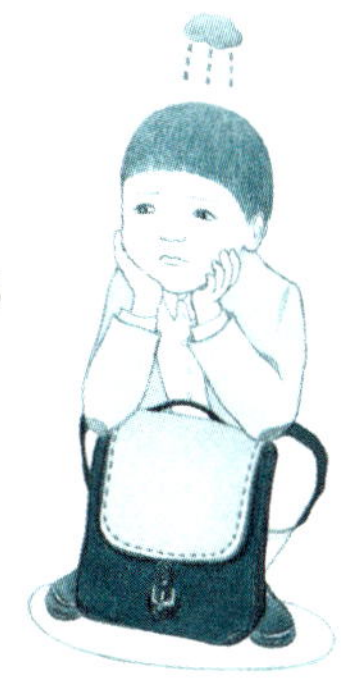

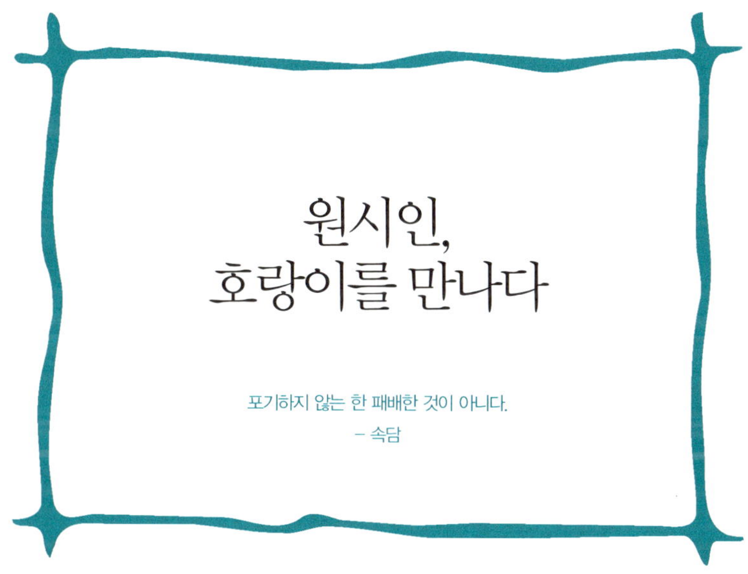

수천 년 전 원시인에게는 무서운 적이 하나 있었는데 그것은 사람을 잡아먹는 호랑이였다. 호랑이의 날카로운 이빨과 공격성에 관한 얘기들이 어찌나 무시무시했던지 사람들은 호랑이를 본 적이 없으면서도 무서워서 벌벌 떨었다.

그러던 어느 날, 원시인 하나가 난생 처음 호랑이의 거친 숨소리를 실제로 들었다. 그의 심장 박동은 빨라지기 시작했다. 두려움 때문에 숨이 가빠오고 이가 덜덜 떨렸으며 속이 울렁거리고 무릎에서 힘이 쭉 빠졌다. 그의 근육은 호랑이로부터 도망치거나 혹은 경우에 따라서는 호랑이와 싸우는 데 필요한 자세를 갖추기 위해서 최대한 긴장했다. 그에게는 자신이 느끼는 두려움에 대하여 생각할 시간이 없었다. 그 상황에서 존재하는 가능성은 단 세 가지뿐이었다.

▶ 아마도 호랑이는 그를 즉시 잡아먹을 것이다.

▶ 어쩌면 훌륭한 사냥꾼인 그가 재빠른 공격으로 호랑이를 처치할 것이다.

▶ 그리고 마지막으로 호랑이와 그가 서로 상대방으로부터 도망칠 것이다.

: : 요즘 아이들이 일상생활에서 만나는 '호랑이'

현대를 살아가는 아이들은 원시인과는 다른 문제들에 직면해 있다. 그러나 그들 또한 그들을 두렵게 하는 '호랑이'로부터 위협받고 있다. 그들의 '호랑이'는 원시인의 호랑이보다 작을지는 모르지만 처치하기가 훨씬 어려운 적이다.

아이들은 크고 작은 갖가지 시험 전에 그리고 학교에서 수업 시간에 이름이 불릴 때 두려움에 사로잡힌다. 그들의 반응은 호랑이를 만난 원시인과 다르지 않다. 그들의 심장 박동은 빨라지고 두 손은 식은땀으로 축축해질 것이다. 그리고 아마도 속이 울렁거리고 두려움 때문에 숨이 가빠지게 될 것이다.

어른들은 그들의 학창 시절을 회상할 때마다 그때를 미화하는

 학교가 두려운 아이, 즐거운 아이

경향이 있다. 그래서 종종 그 시절이야말로 아무 근심 걱정 없는 행복한 시절이었던 것처럼 생각한다. 그러나 실제로는 전혀 그렇지 않다. 아이들은 일찍부터 심리적인 부담을 경험한다. 많은 아이들이 유치원에서부터 무언가를 잘해 내야 한다는 부담을 느끼기 시작한다. 크리스마스 축제에 동화를 상연하거나 무대에서 시를 낭독하는 일조차도 심한 긴장과 두려움, 스트레스를 불러일으킬 수 있다. 취학연령이 되어 학교에 들어가면 아이들에게 부담을 주는 상황들은 셀 수 없을 만큼 증가한다. 아이들은 아주 이른 나이에 나중에 자신이 원하는 상급 학교에 진학하기 위해서는 좋은 성적을 받아야 된다는 사실을 알게 된다.

아이들은 학교생활만이 아니라 일상생활에서도 스트레스를 유발하는 다양한 문제들에 직면해 있다. 부모의 이혼, 부모 모두 일하고 있기 때문에 하교 후 돌봐 줄 사람이 없는 상황, 편부모 슬하라서 생기는 문제들이나 질병, 경제적인 어려움 그리고 불투명한 장래에 이르기까지 아이들을 두렵게 만드는 것은 참으로 많다. 게다가 아이들이 수시로 접하는 대중매체가 아이들에게 보여 주는 세상은 또 어떤가? 그것은 폭력과 잔인함 그리고 위험으로 가득 찬 것처럼 보이는 세상이다.

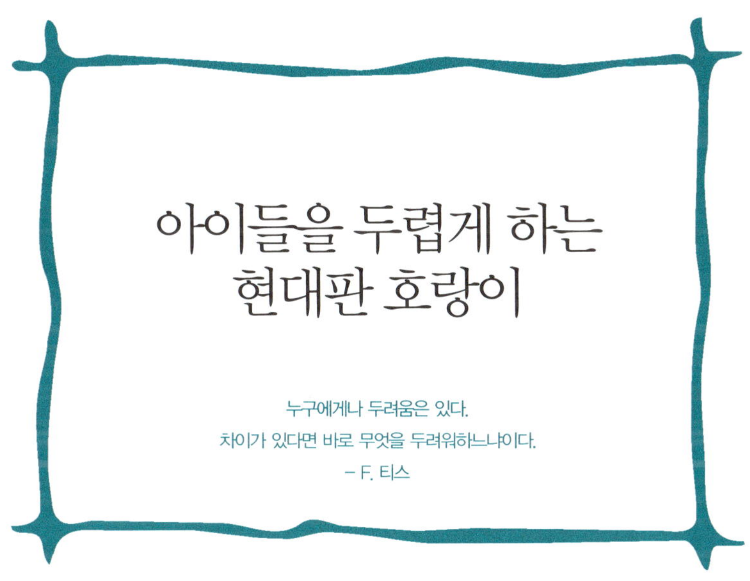

: : 학교 가는 게 무서워!

아이들이 두려움이나 스트레스 또는 심리적 부담에 대하여 신체
적 혹은 정신적 반응을 보이는 것은 당연하다.

루카스는 학교 수업이 끝나고 집에 올 때마다 두통을 느낀다.

안나는 조금만 신경 쓰이는 일이 있어도 안절부절못하며 기억해야 할 것을

잘 잊어버려서 학교생활을 제대로 하기가 힘들 지경이다.

요나스는 학교 갈 때가 되면 속이 울렁거리고 토할 것 같다.

리자는 수업에 들어갈 생각을 하는 것만으로도 긴장하고 얼굴이 빨개지며

가슴이 두근거린다.

그리고 케빈은 저녁이면 다음날 학교에 갈 일이 걱정되고 두려워서 잠이 들지 못할 정도다.

이 몇 가지 사례만 보아도 이 아이들이 느끼는 심리적, 신체적 또는 정서적 고통이 스트레스와 두려움, 시험과 성적에 대한 부담이나 긴장을 느낄 때 그리고 아마도 아이의 능력 이상으로 부모나 교사가 혹은 아이 자신이 스스로에게 요구할 때 나타나는 현상이라는 것은 명약관화하다.

신체적 스트레스 증상	정신적 스트레스 증상
✛ 불면증	✛ 두려움의 증가
✛ 혈압의 상승	✛ 사고의 마비
✛ 심장 박동의 증가	✛ 심한 불안
✛ 식욕부진	✛ 과민 반응
✛ 야뇨증	✛ 심각한 집중력 결핍
✛ 배변 실수	✛ 지나친 근심
✛ 과민성 대장 증상(복통)	✛ 걷잡을 수 없는 분노의 표출
✛ 호흡수 증가	✛ 감정의 기복이 심함
✛ 두통	✛ 대인기피증
✛ 목에 무엇이 걸린 듯한 느낌	✛ 충동적인 행동
✛ 땀이 나고 떨리며 얼굴이 붉어짐	
✛ 통제가 안 되는 식욕	
✛ 설사 또는 변비	
✛ 알레르기 반응	

많은 아이들이 시험문제를 제대로 풀지 못할지도 모른다는 두려움에 끊임없이 시달린다. 아이들은 그런 두려움 때문에 시험 볼 때 너무 긴장한 나머지 머리가 멍해졌던 경험을 털어놓는다. 두려움은 시험 보는 순간에만 찾아오는 것이 아니라 시험 준비를 할 때 공부에 집중하기 어렵게 만드는 요인이기도 하다. 시험을 보게 된다는 사실을 생각하는 것만으로도 벌써 걱정이 되고 우울해져서 공부가 잘 안 된다.

지난 몇 년간 아비투어를 앞두고 우리가 운영하는 상담 클리닉을 찾는 청소년의 수가 부쩍 증가했는데 그들은 모두 심각한 시험공포증에 시달리고 있었다. 그들은 하나같이 공부를 죽어라 열심히 하고는 있지만 막상 시험 치르는 순간이 되면 그동안 공부한 것이 하나도 생각나지 않을 것 같다는 끔찍한 두려움을 덜어놓있다. 이띤 힉생들은 너무니 긴장한 나머지 시험 시간에는 생각나지 않던 것들이 시험이 끝나면 생각이 나서 그동안 공부했던 것의 일부밖에 실력 발휘를 못했다는 사실을 깨닫게 된다고 호소했다. 그래서 우리는 작년에 지방의 작은 김나지움 재학생 120명 가운데 시험공포증이 특히 심한 학생들을 추려서 시험 볼 때의 긴장을 완화시키는 데 도움이 될 수 있는 호흡법을 훈련시켰다. 그리고 아비투어 필기시험을 잘 치를 수 있도록 하기 위해서 시험 전 휴식 시간에 대강당 앞에 있는 교실에서 만나 다시 한 번 호흡법을 연습시켜 주기로 학생들과 약속하였다. 그런

데 시간에 맞추어 약속 장소에 갔더니 학생이 한 명도 없었다. 혹시나 해서 대강당 문을 열어 보았더니, 아니나 다를까 학생 80명이 얼마나 긴장했는지 한 명도 그 자리를 떠나지 못하고 우리가 나타나기만을 기다리고 있는 것이 아닌가….

최근에는 단순히 시험만이 아니라 학교 자체를 두려워하는 아이들도 점차 증가하고 있는 실정이다. 이와 관련해서는 성적에 대한 부담이 원인이라는 의견이 지배적이다. 학교에 대한 두려움은 때로 돌이킬 수 없는 나쁜 결과를 초래하기도 한다. 학교를 두려워하는 아이들은 단순히 학교생활을 힘들어하는 데 그치지 않는다.

독일의 초·중등 교육 제도

독일의 초등학교는 4년제이며, 이 기간 동안 특별한 개인적인 사정이 없는 한 학급과 담임교사는 그대로 유지된다. 초등학교를 마칠 때 담임교사는 아이의 능력과 부모의 희망을 고려하여 적합하다고 판단되는 상급 학교에 추천장을 써 준다. 상급 학교는 인문계 중·고등학교에 해당하는 김나지움, 실업계 중·고등학교에 해당하는 레알슐레와 하우프트슐레 그리고 인문계와 실업계 학급이 공존하는 게잠트슐레가 있다. 하우프트슐레를 마치면 직업학교에 다니면서 직업 교육을 받게 되는 반면 레알슐레는 학업의 비중이 상당히 높으며 본인의 선택에 따라 직업전문학교에 가거나 아비투어 준비과정을 거쳐 아비투어를 보기도 한다.

아비투어는 고등학교 졸업 시험으로 성적이 표시되며, 성적이 나쁠 경우 시험에 통과하지 못한다. 치의학이나 법학 등 입학 정원이 제한되어 있는 학과에 지원하려면 좋은 성적이 필요하다. (옮긴이)

그런 아이들은 정상적인 학교생활을 하는 데 실패하며 대다수가 아예 등교를 거부하기까지 한다.

: : 두려움의 두 얼굴

누구나 두려움을 경험한다. 두려움은 이 세상에 존재하는 가장 자연스러운 것들 가운데 하나이다. 두려움은 인간에게만이 아니라 동물에게도 있으며, 크거나 작거나 나이가 많거나 적거나 상관없다. 대부분의 경우 우리가 느끼는 두려움은 불쾌하게 받아들여지며, 우리는 주로 우리에게 위협적으로 다가오는 상황에서 그것을 경험한다.

두려움을 느낄 때 우리에게는 어떤 일이 일어나는가?

두려움은 우리 신체에 격렬한 반응을 연속적으로 불러일으킨다. 그 반응들 대부분이 인류의 조상이 두려움을 느꼈을 때 보였던 반응의 유산으로 원시시대에는 충분히 의미가 있는 반응이었다. 원시인이 호랑이를 만나면 그의 몸은 그 다음에 선택할 행동에 맞는 자세를 취했다. 그가 선택할 방법은 도망칠 것인가 아니면 싸울 것인가 두 가지뿐이었다. 그의 뇌에 공급되는 혈액은 늘어났다. 그는 둘 중 어떤 방법을 선택할 것인지 그리고 그 방법을 어떻게 실행에 옮길 것인지 재빨리 결정하지 않으면 안 되었다. 그의 몸은 만반의 준비를 갖추었다. 도망치든 혹은 맞서 싸우든 그 상황에서 필요한 것은 속도와 힘이었다. 그 결과 무엇보다도 아드레날린의 분비가 갑자기 활발해지게 된다. 심장 박동이 빨라지고 호흡이 가빠지며 온몸의 근육에 에너지와 산소가 공급된다. 그와 동시에 식욕은 줄어들고 수면에 대한 욕구도 감소한다. 호랑이를 만난 상황에서 배불리 먹거나 편안하게 잠자리에 들 생각이 떠오를 리는 없기 때문이다. 많은 사람들이 '두려움에 떨다가 바지에 싸고 말았다' 는 말을 들어 본 적이 있을 것이다. 최대한 빨리 도망쳐야 하는 위급한 상황에서 꽉 찬 방광은 부담이다.

우리의 모든 감각 또한 예민해진다. 우리는 주변 상황과 호랑이를 더 날카롭게 의식한다. 민감한 스트레스 호르몬이 분비되어 우리가 그 상황을 정확하게 기억 속에 저장하도록 작용한다. 진화론적으로 볼 때 이는 충분히 이해할 수 있는 반응이다. 왜냐 하면 우리를 두렵게 하는 대상과 관련된 정보들을 기억 속에 저장함으로써 거기에서 배운 것을 통해 다음번에는 호랑이에 어떻게 맞서야 할 것인지 더 잘 알 수 있게 되기 때문이다.

수백만 년에 걸쳐 인류의 조상이 호랑이에 대항해 살아남을 수 있도록 도와주었던 것, 즉 두려움과 그에 따른 육체적 반응들은 문명사회에 살고 있는 현대인에게도 여전히 남아 있다. 그것들은 이미 우리의 유전자 정보에 새겨져 있다고 보아야 할 것이다. 이

유전자 정보는 어슬렁거리는 호랑이가 없는 상황에도 충분히 도움이 된다. 뜨거운 손을 다리미에 댔다가 깜짝 놀란 경험이 있는 어린아이는 그 다음부터는 절대로 다리미에 손을 대지 않을 것이다. 호랑이와 마주쳤던 원시인이 그 경험을 잊지 못하는 것처럼 다리미에 손을 덴 아이 역시 기억에서 그 경험을 지우지 못한다. 그러나 두려움과 그에 따른 육체적 반응이 만족스러운 결과만 가져오는 것은 아니다. 새로 전학 간 학교에서 나쁜 경험을 한 아이는 그 다음날 두려움 때문에 속이 울렁거리는 상태로 등굣길에 나설 것이다. 반 아이들 앞에서 선생님한테 혼이 난 여자아이는 아마도 평생 그 창피했던 순간을 잊지 못할 것이다.

누구에게나 결코 잊을 수 없는 나쁜 일을 경험한 순간이 있으며, 그와 같은 종류의 사건은 우리 기억 속에 뚜렷하게 남아 있다. 하지만 무엇보다도 자연스러운 형태의 두려움이 수행하는 우선적인 기능은 수백만 년 전 우리 선조들에게 그랬던 것처럼 우리를 보호하는 기능이다. 두려움은 우리에게 닥칠지도 모르는 위험으로부터 우리를 보호한다. 우리는 벼랑 끝에 너무 가까이 다가가지 않는다. 밑으로 떨어지는 것을 두려워하기 때문이다.

두려움은 우리를 보호하는 기능 외에 또 다른 긍정적인 기능을 수행한다. 다음과 같은 경우를 상상해 보라. 당신이 아는 사람이라고는 한 명도 없는 어디론가 여행을 가서 카페에 들어가 종업원에게 큰 소리로 욕을 퍼붓고 요란하게 트림을 한다면 어떨까? 당신은 분명히 이런 생각을 실행에 옮길 마음은 전혀 없을 것이다. 이유는 무엇일까? 당신이 그렇게 하지 못하는 것은 다른 무엇보다도 남들이 당신을 미쳤다고, 무례하고 한심한 사람이라고 혹은 상대하지 못할 사람, 정말 이상한 사람이라고 생각할지도 모른다는 두려움 때문인 것이다. 이렇게 볼 때 두려움은 일상생활에서 적절한 예의범절을 지키게 하는 데 한몫을 한다고 보아야 할 것이다.

어느 정도의 두려움은 우리가 특정한 원칙들을 지키도록 또는 지키려고 노력하도록 하는 작용을 한다.

얀은 학교 성적에 신경을 쓰지 않는다. '우'를 받거나 '양'을 받거나 관심이 없다. 그에게는 나쁜 성적에 대한 두려움이 전혀 없다. 그렇기 때문에 좀 더 나은 성적을 받기 위해서 노력한다는 것은 있을 수 없는 일이다. 팀은 얀과는 다르다. 그에게는 성적이 중요하다. 중간고사나 기말고사가 닥치면 그는 무척 긴장한다. 그러나 패닉 상태에 빠질 정도는 아니다. 시험공부를 하는 동안 팀의 두려움은 중간 정도의 수준에 머무른다. 이 경우 두려움은 팀에게 오히려 긍정적인 영향을 미칠 수 있다.

연구 결과에 따르면 약간의 두려움은 학습 효과를 높인다고 한다. 두려움 때문에 더 잘 집중하게 되고 더 빨리 배우게 된다는 것이다. 다만 두려움이 어느 정도를 넘어서면 실력을 충분히 발휘하지 못하며 실수를 많이 하게 되어 시험 결과가 나빠진다. 이런 경우 두려움은 사고 마비나 심지어는 순간적인 기억상실까지 일으킬 정도로 심해지기도 한다. 그 순간 우리는 기억해야 할 그 어떤 것도 생각해 낼 수가 없다. 기억을 되살리려고 아무리 노력을 해도 머릿속은 마치 텅 빈 것처럼 아무것도 떠오르지 않는다. 올레는 아비투어 구술시험을 치를 때 두려움이 얼마나 컸던지 심지어는 자신의 이름을 묻는 질문에도 대답하지 못했다.

이제까지 밝힌 것처럼 두려움은 긍정적인 면과 부정적인 면을 동시에 지니고 있다. 두려움은 우리로 하여금 빨리 배우게 하고 위험을 피할 수 있게 도와주며 학습 효과를 높여 주기도 한다. 그러나 다른 한편으로 두려움은 우리에게 심각하게 나쁜 영향을 미친다. 심한 두려움이 지속되면 스트레스를 유발한다. 우리가 '현대판' 호랑이를 이따금씩 만나는 한 그 후유증은 남지 않는다. 우리를 두렵게 하는 대상을 만났을 때 우리 몸은 도망치거나 싸우거나 둘 중의 한 가지 방법을 취할 준비를 한다. 우리 몸에서는 에너지가 방출되어 근육에 투입된다. 두려움을 느끼게 하는 상황이 끝나면 우리 몸은 원래 상태로 회복될 시간이 필요하다. 서서히 경계 상황에서 벗어나 평소 상황으로 돌아가게 되는 것이다.

그런데 두려움을 불러일으키는 상황이 자주 발생할 경우 정상적인 상태로 회복될 시간이 주어지지 않기 때문에 우리는 스트레스를 받게 된다. 과목별 쪽지시험에서부터 수행평가, 중간고사와 기말고사에 이르기까지 크고 작은 온갖 종류의 시험에 대하여 두려움을 느끼는 아이들은 오늘날 학교라는 '호랑이'를 매일 만나야 하는 실정이다. 이는 불쾌한 스트레스 반응들을 불러일으킨다. 매일 두려움을 느껴야 하는 상황에서 아이들의 몸은 회복할 시간을 가질 수 없으며, 결국 지속적인 경계 상황에 놓여 있게 되는 것이다. 그 결과 늘 피곤하고 공부에 집중이 안 되며 질병에 대한 면역력도 떨어지게 된다. 이런 상황을 방치할 수는 없는 노릇이다.

:: 두려움 느끼는 것도 성장 과정의 일부

부모들은 종종 자녀의 두려움에 대하여 걱정을 한다. 아이가 무언가를 두려워하는 것을 보면 부모들은 그 두려움이 시간이 지나면 저절로 없어지는 것인지, 아이들이 커 가면서 겪게 되는 정상적인 과정의 일부인지, 아니면 무언가 대응책이 필요한 것인지 고민한다. 이런 이유에서 우선 아이의 두려움 가운데 어떤 것이 걱정할 필요가 없는 경우이고 어떤 것이 무언가 대책을 세워야 하는경우인지에 대하여 논의해 보기로 하자.

아이들의 두려움 가운데 특정한 연령대에서만 현저하게 나타나는 것들이 있다. 이는 정상적이며 시간이 지나면 저절로 사라진다. 2세 미만의 어린이는 거의 모두가 분리불안을 느낀다. 이 연령대에 속하는 아이는 항상 엄마 근처에 있으려고 한다. 엄마와 좀 떨어져 놀고 있다가도 모르는 사람이 들어오면 얼른 엄마 곁으로 다가간다. 이 시기에 아이가 느끼는 분리불안은 사실상 없어서는 안 되는 것이기도 하다. 왜냐 하면 아이는 이제 마음대로 걸어다닐 수 있을 정도의 발달 단계에 접어들었기 때문에 신체적으로만 본다면 익숙한 환경으로부터 얼마든지 멀리 벗어날 수 있는 능력이 있다. 아이에게 분리불안이 없다면 엄마는 한시도 아이에게서 눈을 뗄 수가 없을 것이다. 분리불안 때문에 아이는 자발적으로 엄마한테서 멀리 벗어나지 않는다.

2세부터 3세 사이에는 어둠을 두려워하거나 작은 동물을 두려워하는 것이 보통이다.

마리는 잘 때가 되면 자기 방에 괴물이나 작은 동물이 숨어 있을지도 모른다는 두려움에 사로잡힌다. 매일 밤 마리는 엄마와 함께 옷장과 침대를 구석구석 살핀다. 심지어는 바닥에 깔려 있는 카펫 아래까지 들추어 본다. 어쩌면 거기에 뭔가 숨어 있을지도 모른다는 두려움 때문이다. 엄마한테서 분명히 '아무것도 없다' 는 다짐을 받은 후에야 비로소 마리는 침대에 눕는다. 그래도 무서운 꿈을 꾸었다면서 자다가 일어나는 경우가 가끔 있다.

약 5세 정도의 아이들 가운데에는 나쁜 사람들을 두려워하는 아이들이 많다. 다칠지도 모른다는 두려움 또한 이 시기에 특히 많이 볼 수 있다.

요슈아는 밤이면 집에 도둑이 몰래 들어올까 두려워한다. 그래서 침대에 누워 바깥에서 나는 소리에 신경을 바짝 곤두세우고 있다가 자기 방을 나갈 용기가 생기면 재빨리 부모의 방으로 달려간다. 부모에게 경고하기 위해서이기도 하고 부모 곁에서 불안감을 달래기 위해서이기도 하다.
다행히도 여섯 살이 되자 도둑의 침입에 대한 요슈아의 불안감은 줄어들었다. 대신에 이번에는 천둥 번개를 두려워하기 시작했다. 천둥 번개가 내리치는 밤이면 요슈아는 울면서 부모의 방으로 달려간다. 그리고 부모 침대의 이불 아래 숨어들어서야 비로소 마음을 놓는다.

7, 8세가 되면 많은 아이들이 텔레비전에서 보았던 것과 같은 사건이 자기에게도 일어나면 어쩌나 두려워한다.

얀은 갑자기 '세서미 스트리트'에 나오는 괴물을 두려워하기 시작했다. 밤에 화장실에 갈 때마다 문 뒤에 그 괴물이 숨어 있을 것이라고 생각한다. 자기 방에 돌아와 침대에 들어가야만 안전하다고 느낀다.

8세에서 10세 사이의 아이들은 자기 자신의 성취와 사회적 인정과 관련하여 두려움을 느낀다. 이 시기의 아이들에게는 다른 아이들의 의견이 점점 더 중요해진다. 자기가 또래 집단에 속하게 될 것인지, 다른 아이들의 생일 파티에 초대를 받게 될 것인지 그리고 반 아이들에게 무시를 당하지는 않을지 하는 것들이 중요한 고민거리다.

라우라는 학교에서 수줍음을 많이 타는 아이로 수업 시간에 선생님한테서 질문 받는 것을 무척 싫어한다. 그에 반하여 사라는 완전히 다른 문제를 걱정한다. 사라에게는 같은 반 여자애들이 자기를 어떻게 생각하는지가 가장 큰 관심거리다. 새 옷을 입고 갔는데 같은 반 여자애들이 예쁘지 않다고 한다면 사라에게 그 이상의 비극은 없을 것이다.

이제까지 언급한 몇 가지 형태의 두려움이 다소 길게 지속된다고 해도 크게 걱정할 일은 아니다. 그리고 두려움을 표현하는 정도가 다른 아이들에 비해 더 큰 것처럼 보이는 아이들도 있는데 이 또한 심각한 것은 아니다. 대부분의 경우 이 두려움들은 저절로 사라진다. 그러나 두려움이 정상적인 기간보다 훨씬 더 길게 지속된다거나 아이에게 심하게 나쁜 영향을 미칠 때에는 이 문제에 진지하게 대처할 필요가 있다.

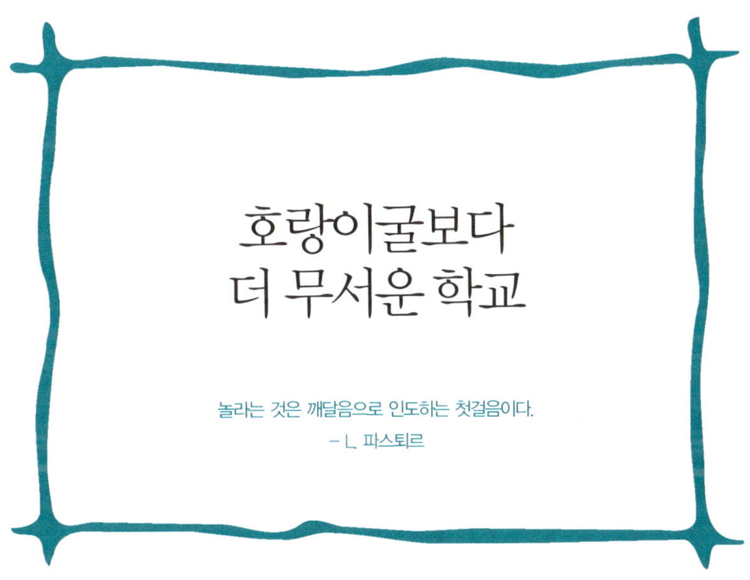

율리아가 엄마와 함께 우리 상담 클리닉을 처음 방문했던 날, 그 아이는 아홉 살이었다. 두 사람은 망설이는 모습으로 상담실에 들어서더니 자리에 앉기 전에 주위를 두리번거린다. 잠시 후 율리아의 엄마는 딸의 학교공포증에 관하여 말하기 시작한다. 얼마 전부터 율리아는 학교 가는 것을 두려워한다. 밤이면 다음날 학교 갈 일이 걱정되어 쉽게 잠이 들지 못할 정도이며 잠이 들더라도 중간에 깨서 부모의 침실로 온다.

아침이 되면 학교 가는 문제 때문에 그야말로 전쟁이 따로 없다. 율리아가 학교 가기 싫다고 한다는 말을 듣기가 무섭게 아빠는 화부터 내기 때문에 더 이상 대화가 불가능하다. 율리아의 담임선생님은 율리아의 엄마가 하는 말을 이해할 수가 없다. 율리아는 학교에서는 전혀 문제가 없을 뿐만 아니라 수업 내용도 곧잘 이해하는 학생이기 때문이다. 수업에 적극적으로 참여하는 경우가 별로 많지는 않지만 그것은 대부분의 다른 학생들도 마찬가지다. 엄마가 율리아의 상황에 대하여 털어놓는 동안 율리아는 의자에 가만히 앉아서 말없이 듣기만 한다.

얼마 전까지만 해도 파트릭(11세)은 학교 가는 것을 좋아했다. 파트릭은 자기 반에서 성적이 뛰어난 아이들 가운데 하나다. 그런데 얼마 전부터 갑자기 파트릭의 수업 태도가 나빠졌다. 담임선생님의 말로는 "수업 시간에 멍하니 앉아서 딴생각을 한다"는 것이다.

집에서도 파트릭은 식구들과 어울리지 않고 혼자 시간을 보내며 예전에 비해 훨씬 조용해졌다. 파트릭의 부모는 파트릭의 친구가 집에 놀러오는 일이 거의 없어졌다는 것을 깨달았다. 예전과는 달리 최근에는 여동생과 놀다가 갑자기 화를 벌컥 내는 일도 생겼다. 그리고 밤이면 제대로 잠을 이루지 못하고 악몽에 시달릴 뿐만 아니라 아침에는 침대에서 나오지 않는다.

파트릭의 부모는 어찌할 바를 몰랐다. 하루아침에 변해 버린 아들의 태도를 어떻게 받아들여야 할지 도무지 알 수가 없었기 때문이다. 이웃에 사는 사람이 파트릭이 학교에서 당하는 괴롭힘을 어떻게 참고 있느냐고 물어보았을 때에야 비로소 파트릭의 부모는 아이의 문제가 무엇인지 짐작할 수 있었다.

라스(13세)는 일주일째 아파서 누워 있다. 라스가 아파서 학교를 결석하는 일은 한두 번이 아니다. 이번 학년 들어서만 벌써 결석한 날이 18일에 이른다. 라스는 종종 두통이나 복통을 호소한다. 심지어는 갑자기 토할 것 같다며 아예 침대에서 일어나지 않는 경우도 있다. 라스의 엄마는 아이가 갑자기 토하는 '긴급 사태'에 대비하여 침대 옆에 항상 큰 대접을 놓아두고 있다. 라스의 부모는 라스가 중병에 걸린 것은 아닌가 걱정이 태산이다. 그러나 여러 의사에게 진찰을 받은 결과 라스에게서는 어떤 질병의 징후도 찾을 수 없었다. 학교에서의 압력도 증가하여 엄마의 무력감을 더욱 부추긴다. 몇몇 과목 선생님이 라스가 아파서 시험을 빠진 경우가 너무 많아 도저히 성적을 줄 수가 없다고 하기 때문이다.

공격성이 뚜렷한 아이는 누구나 쉽게 알아볼 수 있다. 그런 아이는 학교에서나 집에서 발작적으로 화를 내거나 큰 소리로 욕을 하거나 주먹질을 하거나 아니면 아무런 이유 없이 물건을 망가뜨리는 등의 행동을 한다. 하지만 두려움은 공격성처럼 그렇게 쉽게 알아차릴 수 있는 현상이 아니다. 그 이유는 무엇보다도 공격성은 외부지향적인 현상인 데 반하여 두려움은 내부지향적이라는 데 있다.

율리아는 학교에서 내성적이고 수줍음이 많은 아이로 평가되어 왔다. 율리아의 담임선생님은 율리아가 학교를 두려워한다는 생각은 한 번도 해 본 적이 없을 것이다.

라스는 아파서 결석하는 것 빼고는 학교생활에 아무런 문제가 없는 학생으로 간주되어 왔다. 학교 성적도 좋은 편이다.

율리아와 라스의 사례에서 보듯이 무언가 아이를 괴롭히는 것이 있다는 사실을 알아차리기가 무척 어려운 경우가 종종 있다. 또 어떤 경우에는 아이의 행동에 문제가 있을 때 그 원인을 두려움이 아니라 완전히 다른 것에서 찾는 경우도 적지 않다. 일례로 마레이케의 담임선생님은 마레이케가 수업에 집중을 하지 못한다는 내용의 보고서에서 주의력 결핍 장애로 의심된다고 덧붙였다. 리자의 아빠는 아이가 자꾸 학교를 빼먹는 문제를 어떻게 해결해야 할지 알 수가 없다. 그는 리자가 나쁜 친구들과 어울려서 그런 행동을 한다고 생각해 친구들과의 교제를 금지한다. 리자의 아빠는 리자에게 걱정거리가 있을지도 모른다거나 어쩌면 학교를 두려워하는지도 모른다는 가능성에 대해서는 생각조차 해 본 일이 없다.

이제까지 언급한 사례에서 알 수 있듯이 학교에 대한 두려움, 즉 학교공포증은 여러 가지 현상으로 나타날 수 있다. 두려움을 느끼는 어떤 아이가 내성적이거나 수줍음이 많은 아이로 비칠 수도 있고 다른 아이는 의자에 앉아 안절부절못하는 행동을 할 수도 있다. 그리고 또 다른 아이는 학교에서 쌓였던 것을 집에서 느닷없이 터뜨릴 수도 있다. 학교공포증은 이처럼 다양한 형태로 표현되며 그에 수반되는 현상들도 다양하다. 학교를 두려워하는 자녀를 둔 부모가 자기 아이의 문제를 알아차리는 경우도 많지만 그렇게 하지 못하는 경우 또한 적지 않다.

: : 학교 생각만 하면 배가 아파!

학교공포증을 앓고 있는 아이들은 갑작스러운 복통이나 두통에 시달리는 경우가 많다. 현기증을 느끼거나 구토증을 보이는 경우도 있으며 그 밖에도 여러 가지 신체적인 고통을 호소한다. 의사를 찾아가 진찰을 받으면 가벼운 약을 처방하거나 복통과 구토증을 완화시킬 수 있도록 차를 마시게 하라는 권고와 함께 아이를 하루 정도 푹 쉬게 하라고 할 뿐 뾰족한 방법이 없다. 병원의 검사 결과에 따르면 아이에게는 아무런 신체적 이상이 없다는데도 아이가 받는 고통이 일정한 간격을 두고 자주 되풀이되는 사실은 도저히 설명할 길이 없다.

라스의 경우 세 명의 다른 의사에게 진찰을 받았는데 세 명 모두 특별한 병을 앓고 있는 것은 아니라는 진단을 내렸다. 이로써 라스의 부모가 느끼는 불안감은 오히려 심해졌다. 어떻게든 아이에게 도움이 되고 싶은데 어찌해야 할지 알 수가 없기 때문이다. 그들은 라스가 정말 두통이나 복통, 구토증을 느끼는 것인지 아니면 단지 그렇다고 생각하는 것뿐인지 확실치가 않다.

아이들이 겪는 신체적 고통 가운데 상당 부분이 학교공포증 때문에 생긴 급성 스트레스가 원인이다. 몸이 안 좋다는 것이 학교 가기 싫은 핑계가 아니냐는 비난은 대부분 아이의 상태를 더 악화시킨다. 아이의 부모는 이러지도 저러지도 못하는 입장이다. '진짜로 병에 걸린 게 아니라 단지 그렇게 생각하는 것일 뿐' 이라는 비난은 아이에게 부모로부터 버림받은 것 같은 느낌을 불러일으킨다. 그렇다고 해서 학교에 가지 않아도 된다고 허락하면 문제는 더 심각해진다. 결석을 허락하는 것이 일시적으로는 아이에게 도움이 되지만 장기적으로 볼 때는 아이의 등교를 더 어렵게 만들어버린다. 왜냐 하면 아이는 부모의 반응을 통해서 자기도 모르게 '내가 몸이 안 좋아서 아프다고 떼를 쓰면 학교에 안 가도 되는구나' 라고 생각하기 때문이다.

학교공포증을 느끼는 아이들 대부분이 학교에 가지 않고 집에 있으면 점심시간이 되기도 전에 이미 고통은 훨씬 줄어든다. '등교' 라는 위험이 사라진 상황에서 육체는 서서히 긴장을 풀기 때문이다. 그러다가 저녁이 되면 다시 고통이 시작된다. 다음날 학교 가야 한다는 사실을 의식한 후 육체가 반응을 보이는 것이다. 이런 식으로 아이가 아프다고 했다가 괜찮아졌다가 하는 일은 비교적 긴 시간에 걸쳐, 일주일 단위나 한 학기 단위로 반복된다. 주중에 내내 몸이 안 좋다고 호소하던 아이가 주말에는 아무렇지도 않다. 그러다가 일요일 저녁이 되면, 다시 말해서 학교 갈 때가 다가오면 고통은 또다시 시작된다.

우리는 라스의 엄마에게 라스가 몸이 안 좋다고 한 날을 기록하도록 했다. 라스의 엄마는 몇 달에 걸쳐 매일 라스가 언제 복통이나 두통 혹은 구토증을 느끼는지 기록했다. 결과는 예상했던 대로였다. 라스는 주중에는 늘 어딘가가 아프다고 호소했으나 주말이 되면 그런 적이 거의 없었다. 그리고 긴 시간 동안 라스가 멀쩡했던 경우도 있었는데 그건 다름 아닌 방학이었다.

: : 제발 아침이 오지 않았으면…

제시카(10세)는 아침에 깨우면 안 일어나려고 한참이나 떼를 쓴다. 그리고 옷 갈아입는 데만 20분 이상이 걸린다. 어떤 옷을 입고 가야 할지 도무지 결정을 내리지 못하기 때문이다. 아침식사 자리에서는 마지못해 몇 숟가락 뜰 뿐이며 아무것도 먹지 않는 날도 수두룩하다. 제시카 엄마는 "걔는 모든 게 느리다니까요."라고 말하면서 제시카가 학교에 지각하지 않게 하려고 매일 30분 먼저 일어난다고 한다.

그러나 방학이 되면 제시카는 못 알아볼 정도로 달라진다. 심지어는 아침

식사를 차리려고 부모보다 먼저 일어나는 경우도 많다.

학교공포증에 시달리는 아이들 가운데 상당수는 쉽게 잠이 들지 못할 뿐만 아니라 잠이 들더라도 중간에 자주 깨곤 한다. 특히 저녁마다 잠자리 동화를 읽어 준다거나 확실하게 정해진 취침 시간이 있다거나 하는 식으로 잠자리에 드는 데 따르는 일정한 규칙이 있지 않다면 잠들기는 더욱 어려워진다. 그리고 어떤 아이들은 잠이 들더라도 깊이 잠들지 못하고 밤새 뒤척이거나 아주 작은 소리에도 잠에서 깬다. 또 어떤 아이들은 악몽을 꾸었다든지, 잠이 깼는데 다시 잠이 안 온다든지 혹은 혼자 있고 싶지 않다는 이유로 부모의 방에 온다.

엄마와 단 둘이 사는 티모는 거의 매일 밤 자다가 엄마 방으로 온다. 엄마는 '만약의 경우'에 대비하여 아예 방 한쪽에 티모의 베개와 이불을 놓아 둔다. 티모는 악몽에 시달리느라 제대로 자지 못한다고 호소한다. 벌써 열네 살이 된 티모는 사실 엄마 옆에서 자는 게 무척 창피하다. 그럼에도 불구하고 밤이면 엄마 방으로 온다.

잠을 푹 자지 못한 다음날 이 아이들 중 대부분이 잠자리에서 일어나기 힘든 것은 당연하다. 아이들은 피곤하고 의욕이 없다. 그

여파로 학교 갈 준비 또한 시간을 끌게 마련이다. 씻고 옷을 갈아 입고 가방을 챙기고 아침식사를 하는 동안 아이들은 내내 늑장을 부리고 부모는 아이가 지각하지 않도록 계속 재촉을 해야만 하는 상황이다. 아무 문제 없이 조용히 지나갈 수 있을 아침 일과가 조바심과 스트레스를 불러일으키고 마는 것이다. 평온한 하루의 시작은 이제 생각할 수도 없게 된다.

: : 학교공포증의 두 유형_ 난폭한 아이와 겁쟁이

열다섯 살인 카이가 우리 상담 클리닉을 처음 찾았을 때 학교공포증을 의심한 사람은 아무도 없었다. 카이는 수업 시간에 훼방을 놓고 쉬는 시간이면 교정에서 다른 아이들을 괴롭힌다. 카이가 다니는 학교는 레알슐레다. 그의 담임교사는 그를 무척 버릇없는 학생이라고 평가한다.

카이가 문제 행동을 시작한 것은 5학년 때부터였다. 오붓한 분위기의 작은 시골 초등학교를 4년간 다닌 카이가 진학한 상급 학교는 인근에서 가장 큰 레알슐레였다. 쉬는 시간이면 나가서 뛰어놀기 좋은 운동장이 있고 가까이에 커다란 축구 경기장이 있던, 그리고 주위가 온통 풀밭인 초등학교에 익숙해 있던 카이를 맞은 것은 아스팔트로 포장된 운동장과 시멘트로 지어진 건물이었다. 카이는 이 새로운 환경에 적응하기가 힘들었다.

사람 사는 냄새가 나지 않는 주변 환경, 대부분의 학생들이 자기보다 상급 생인 상황 그리고 공부에 대한 부담은 결국 몇 주 지나지 않아 카이를 어릿광대 노릇을 하는 아이로 만들었다. 같은 반 아이들은 카이가 수업 시간에 웃기는 말을 하거나 버릇없는 행동을 하는 것을 보고 웃는다. 카이는 아이들의 반응을 자기에 대한 인정으로 받아들인다. 그래서 교사의 꾸중이 심해질수록 오히려 더 공격적으로 대응한다. 처음에는 주목을 끌기 위해 재치 있는 말대꾸로 시작했던 것이 시간이 지나면서 야비한 언행으로 변했다가 마침내 공격성을 띤 과잉 행동으로까지 발전했다. 카이는 이제 자기 학교에서 그야말로 유명 인사가 되었다.

학교공포증에 맞서는 방법으로 카이는 도망이 아니라 싸우는 길을 선택한 것이다. 대부분의 아이들이 두려움에 맞닥뜨렸을 때 도망가는 길을 선택한다. 그 결과 학교를 기피하며 혼자 있으려고 한다. 그러나 아이들 가운데 일부는, 특히 남학생들의 경우는 종종 싸우는 방법을 택하기도 한다. 그 경우 이 아이들의 학교에 대한 두려움은 공격적인 행동을 이끌어내는 경향이 있다. 이런 아이들이 보이는 공격성의 배후에 학교공포증이 있다는 사실이 얼핏 보기에는 놀라울지 모르나 잘 생각해 보면 쉽게 이해할 수 있다.

안타깝게도 아이들의 공격적인 행동이 잘못 해석되는 경우는 무척 많다. 앞서 말했던 카이의 담임처럼 교사가 아이에 대한 제재 혹은 압력을 더 강화할 경우 악순환이 시작된다. 더 심해진 압력에 적절하게 대응할 방법을 알지 못하는 카이는 더 큰 두려움을 느끼게 되며 그가 아는 유일한 방식으로 맞서게 된다. 그것이 바로 더욱 더 공격적인 행동인 것이다. 자신이 느끼는 두려움에 대하여 공격적인 행동으로 반응하는 아이들은 상당히 심각한 상황에 놓여 있다고 보아야 한다. 그런 아이들은 공격적인 행동 외에 다른 방법은 알지 못하기 때문이다. 그런 아이들에게 정말로 간절하게, 아마도 다른 아이들보다 더 많이 필요한 것은 관심과 인정 그리고 이해다.

그런 아이들 가운데에는 공격적인 행동이 남이 아니라 자기 자신을 향하는 경우도 있다. 이런 경우를 자기공격적인 행동이라 하는데, 이는 외부로 표출되는 공격성보다 알아차리기가 더 어렵다. 그 이유는 두 가지다. 우선 공격적인 행동의 대상이 자기 자신이므로 공격을 받았다고 불평하는 사람이 아무도 없기 때문이고, 다른 하나는 자기공격적인 행동은 보통 비밀리에 일어나기 때문이다.

자기공격적인 행동은 머리카락을 쥐어뜯는다거나 손톱을 물어뜯는 행동 또는 머리를 벽에 박는 행동 그리고 심지어는 피부에 상처를 내는 행동 등으로 나타난다. 특히 피부에 상처를 내는 행동은 주로 청소년들이 많이 하는데, 면도날이나 가위, 유리조각 등을 사용하여 팔이나 다리에 상처를 낸다. 이런 자해 행위가 가져오는 고통은 아이들에게 자신의 현재 처지를 일시적으로나마

잊게 하며, 때로는 자해 행위가 빈번해지면서 분비되는 엔드로핀이 황홀감을 느끼게 하기도 한다.

화창한 여름날 우리 상담 클리닉을 찾아온 율리아라는 여학생이 있었다. 그 여학생은 자기 반 아이들한테 따돌림당할 뿐만 아니라 집단 괴롭힘을 당하고 있다면서 전학 가고 싶다고 말했다. 집에서도 스트레스를 받는다고 했다. 부모님이 별거 중이어서 아빠랑 살고 있는데 문제가 있다는 것이다. 율리아는 성적이 아주 우수한 학생이다. 매우 조리 있게 자기 생각을 말하고 무척 적극적인 태도를 가지고 있다는 인상을 주었다. 그런데도 무언가 석연치 않은 느낌을 지울 수 없었다. 바깥 날씨가 여름날답게 상당히 더운데도 목까지 올라오는 긴 스웨터를 입고 있었다. 우리는 율리아에게 한쪽 팔소매를 걷어 올려 보라고 했다. 그러자 그 아이는 갑자기 울음을 터뜨렸다. 걷어 올린 팔소매 사이로 드러난 팔은 손목부터 팔꿈치 사이가 온통 깊은 자상으로 얼룩져 있었다. 다른쪽 팔도 마찬가지였다. 율리아의 아빠는 생각지도 못했던 일에 너무나 놀라….

: : 학교 안 가는 날은 너무 말짱해

학교공포증을 느끼는 아이들은 매일 두려움에 직면한다. 물론 예외 없는 규칙이 없는 것처럼 여기에도 예외가 있다. 이 경우 예외로 작용하는 것은 주말과 방학이다.

주말과 방학에는 두려움이 씻은 듯 사라지고 아이들은 그야말로 활짝 피어난다. 훨씬 더 안정되어 있고 즐겁게 생활하며 아픈 데가 있다고 말하는 일도 훨씬 줄어든다.

: : 엄마와 떨어져 있기 싫어!_ 분리불안

취학연령이 된 아이들은 대부분 초등학교 입학식 날을 고대한다. 학교에 들어가면 이제는 '다 컸다'고 인정받기 때문이다. 레오니라는 아이가 있는데 늘 자기는 이제 더 이상 유치원에 다니는 꼬마가 아니라고 강조한다. 그리고 입학식 날 받을 선물과 학교에 들어가면 자기를 가르치게 될 선생님들에 대해서 이야기한다. 덕분에 아직 어린 남동생까지 학교에 입학하게 될 순간만 손꼽아 기다리면서 부지런히 알파벳 읽기 연습을 하게 되었다.

하지만 초등학교 입학이 그다지 기쁘지 않은 아이들도 있다. 그 아이들은 학교에 가지 않고 집에 있거나 유치원에 계속 다니고 싶어 한다.

2학년과 3학년 학생들이 신입생 환영 공연을 준비했다. 부모와 조부모, 형제자매 혹은 친척들이 뿌듯한 마음으로 지켜보는 가운데 신입생들은 입학

축하 분위기로 꾸며진 대강당에 앉아 있다. 오늘은 그들의 추억에 길이 남을 날인 것이다.

플로리안 역시 신입생 중 한 명이다. 하지만 다른 신입생들과는 달리 플로리안은 학교에 다니게 된 것이 전혀 기쁘지 않다. 그 아이는 이제까지 자기가 편안하게 지냈던 곳, 그러니까 유치원이나 아니면 엄마가 있는 집에 그냥 그대로 있고 싶다. 각자 배정받은 교실로 가야 할 순간이 되자 플로리안은 갑자기 울면서 엄마한테 달려간다. 그리고 엄마가 함께 가야만 교실로 들어간다. 다음날 플로리안은 학교 건물 앞에서 땅바닥에 뒹굴면서 절대로 들어가지 않겠다고 떼를 쓴다. 플로리안이 학교에 적응하기까지는 거의 한 달이 걸렸다.

얼핏 보기에 플로리안의 행동은 학급 친구들, 수업 그리고 선생님 등 새로 맞닥뜨리게 된 상황에 대한 두려움에서 비롯된 것처럼 보일 것이다. 그러나 실제로는 그렇지 않다. 그 아이는 학교와는 전혀 상관이 없는 상황에서도 두려움을 느낀다. 예를 들어 플로리안은 혼자서 집 보는 것을 두려워한다. 엄마가 장 보러 가면 꼭 따라가겠다고 고집을 부리고 집에 있을 때도 엄마 옆에만 있으려고 한다. 밤이면 커다란 도시에서 미아가 되어 엄마를 찾아 헤매는 꿈을 반복해서 꾼다. 그의 '학교공포증'은 학교가 두려워서 생긴 것이 아니라 엄마와 떨어지는 것을 싫어하는 데에서 온 것이다.

플로리안은 정상적인 시기를 지나서까지 계속 분리불안에 시달리는 아이들 가운데 하나다. 6개월 내지 8개월부터 3세 사이의 어린아이가 분리불안을 보이는 것은 자연스러울 뿐만 아니라 보호 기능 역할을 한다. 그러나 이 시기를 훨씬 지난 아이가 엄마나 아빠 혹은 조부모, 형제자매 등 자기와 정서적으로 가장 친밀한 사람과 떨어지게 될까 봐 몹시 두려워할 경우 이는 과잉 행동으로 간주된다. 야나의 경우 벌써 열 살이나 되었는데도 혼자 혹은 베이비시터와 함께 집에 남아 있는 것을 힘들어 한다. 다섯 살 난 파울은 엄마가 아닌 다른 사람이 재워 주는 것을 절대로 받아들이지 못한다. 어쩌다가 아빠가 재우려고 하면 징징거리거나 울기 시작한다.

플로리안처럼 초등학교에 입학하면서 엄마와 떨어지지 않으려고 울음보를 터뜨리거나 심지어는 학교에서 수업 듣는 것을 아예 거부하는 아이들도 있다.

상당히 나이가 들었음에도 불구하고 부모와 떨어지지 않으려고 발버둥을 치면서 우는 아이가 있다면 아이의 부모는 그 상황에 대하여 진지하게 고민할 필요가 있다. 그런 태도는 가정에서 아이가 낯선 상황에 충분히 대처할 수 있을 만큼 자립심이나 자신감을 길러주지 못했다는 것을 뜻한다. 또는 부모가 어떤 일이 있어도 아이를 잘 지켜줄 것이며 잠깐만 떨어지는 것이지 영영 헤어지는 것이 아니라는, 따라서 두려움을 가질 필요가 전혀 없다는 확신을 아이에게 심어주지 못했다는 것을 가리킨다.

분리불안을 경험하는 것은 아이들만이 아니다. 엄마나 아니면 아이와 정서적으로 친밀한 다른 사람도 이와 비슷한 증상을 보일 수가 있다. 초등학교 입학 때 아이들이 가졌던 두려움은 대부분의 경우 시간이 지나면서 학교생활에 익숙해지고 수업에 흥미를 갖게 됨에 따라 점차 사라진다.

아이를 학교에 데려다 주고 집에 돌아가는 엄마의 얼굴은 이루 말할 수 없이 슬픈 표정이다. 그녀는 몇 번이나 가방에서 손수건을 꺼내 몰래 눈물을 훔친다. 집에 돌아와서도 안심이 되지 않아 아이가 별 탈 없이 잘 있는지 학교에 확인 전화를 한다.

이런 엄마들은 자기 아이가 학교에서 그렇게 빨리 '위기'를 극복하고 이제는 같은 반 친구들과 함께 '무척 즐겁게' 지낸다는 사실이 믿기지가 않는다. 이 엄마의 모습에서 보듯이 아이만이 아니라 아이와 가장 친밀한 사람도 분리불안 때문에 힘들어 한다. 그러다 보니 교문 앞에서의 작별이 매번 작은 비극이 되고 만다. 교실 안까지 따라 들어가는 엄마들도 많다. 때로 그런 엄마들은 교실 앞에서 뜨개질을 하거나 책을 읽으면서 교실 안의 아이나 마찬가지로 쉬는 시간이 되기만을 기다린다.

입학 초에 아이가 학교 가는 길이 익숙지 않아 불안해하기 때문에 엄마가 당분간 데려다 주는 것은 전혀 문제될 것이 없다. 그러나 어느 정도 기간이 지나면 친구들과 함께 가거나 통학버스가 데려가도록 해야 한다.

아이가 그렇게 하는 것을 힘들어 할 경우 잘해 냈을 때 점수를 딸 수 있게 한다든지 하는 방식으로 동기부여를 하는 것이 좋다. '점수 모으기' 방법(127쪽 이후에 자세히 다루어짐)은 아이가 엄마(혹은 가장 가까운 사람)와 떨어지는 훈련을 하는 데 도움이 될 것이다. 대다수 아이들이 훈련을 통해서 혼자 등교하는 데 익숙해진다. 여기서 중요한 것은 아이가 부모로부터 전적으로 사랑을 받고 있다는 느낌 그리고 부모가 결코 자기 곁을 떠나지 않으리라는 확신을 갖는 것이다. 이런 느낌을 갖고 있는 한 아이는 어떻게든 분리불안을 극복하게 된다. 그러나 부모가 아이에게 그런 확신을 주는 데 실패할 경우 아이의 분리불안은 평생 마음속 한구석에 남아 있을 가능성이 높다.

우리는 분리불안이 심한 아이의 부모를 면담하는 과정에서 자기 자신도 어렸을 때 엄마가 혼자 두면 심한 두려움을 느꼈다고 말하는 엄마들을 많이 보았다. 앞서 예로 들었던 엄마의 경우도 아이를 학교에 두고 돌아올 때 느끼는 두려움과 슬픔의 근본적인 원인은 어쩌면 유년기에 경험했던 분리불안인지도 모른다.

분리불안에서 등교 거부까지

많은 아이들이 3세 정도가 되면 어쩔 수 없이 부모와 떨어져 시간을 보내야 한다. 유치원에 들어갈 나이가 된 것이다. 낯선 환경 그리고 처음 보는 사람들에 적응해야 하는 상황이 아이들을 흥분시키는 것은 당연하다. 따라서 유치원 혹은 학교에 들어가 첫날을 맞는 아이들이 심란한 기분에 사로잡히거나 지나치게 흥분한다고 해서 걱정할 필요는 전혀 없다. 우리 어른들 역시 새로운 직장에 출근하는 첫날이나 많은 사람이 모인 파티에 참석하는 날에는 이런 기분을 갖게 마련이다.

루이제는 네 살 난 여자아이인데 유치원에 혼자 남는 것을 힘들어 한다. 엄마가 처음 유치원에 데려왔을 때는 엄마 다리에 매달려 떨어지지 않으려 했다. 일주일이 지나자 유치원에 가기 싫다고 매일 아침 심하게 떼를 썼다. 문짝이 부서져라 문을 닫는가 하면 물건을 집어던지기도 하였다. 루이제의 행동 때문에 루이제의 부모는 집안에 있는 모든 문에 두꺼운 마분지를 붙여야만 했다.

루이제가 초등학교에 입학하자 똑같은 일이 반복되었다. 거의 매일 아침 엄마는 루이제를 교실 문 앞까지 데려다 준다. 그런데도 루이제는 툭하면 엄마에게 전화를 걸어 자기를 데리러 오라고 울면서 애원한다. 처음에는 교사들이 루이제에게 엄마한테 전화를 걸어도 된다고 허락했다. 아이가 엄마랑 통화를 하고 나면 마음이 안정될지도 모른다는 생각 때문이었다. 그러나 결과는 오히려 정반대였다. 일단 엄마 목소리를 듣게 되면 엄마가 직접 오지 않는 한 아이를 달랠 수가 없었다. 루이제가 학교에 결석하는 날은 점점 늘어갔다. 루이제는 아침에 복통과 심한 구토증을 느끼며 때로는 실제로 토하기도 한다.

루이제의 등교 거부는 분리불안에서 온 것이다. 많은 아이들이 자기가 가장 친밀감을 느끼는 사람이 자기와 떨어져 있는 사이에 무언가 끔찍한 일을 당했을지도 모른다고 두려워한다. 루이제는 학교에 데리러 오기로 한 엄마가 조금이라도 늦으면, 그것이 단 몇 분일지라도 패닉 상태에 빠진다. 아이는 엄마에게 틀림없이 무슨 나쁜 일이 일어났을 것이라고 단정한다.

다음에 나오는 표는 분리불안의 증상들을 나열한 것이다. 모든 아이들이 가끔 여기에 열거된 것들 가운데 한두 가지 증세를 보일 수 있으나 이는 지극히 정상이다. 혼잡한 대도시에서 미아가 되는 꿈은 많은 아이들이 종종 꾸는 악몽이며, 식구 중 하나가 죽을지도 모른다는 생각 역시 많은 아이들이 자주 느끼는 두려움이다. 그러나 아이가 4주 이내의 관찰 기간 안에 여기에 열거한 여덟 가지 가운데 적어도 세 가지 이상의 증세를 보인다면 분리불안이라고 보아야 할 것이다.

아래의 표에서 제시한 8개의 증상 가운데 3개만 있어도 분리불안을 보인다고 말할 수 있으나 그것이 어떤 형태로 표현되는가는 아이에 따라 다소 차이가 있다. 분리불안을 가지고 있는 아이들 중에는 등교하려고 집을 나서기까지는 아침마다 전쟁을 치르면서도 막상 학교에 가서는 멀쩡하게 수업을 잘 듣는 경우도 있다.

분리불안의 증상들

✣ 가장 친밀한 사람과 떨어지거나 집을 떠나야 할 경우 뚜렷한 스트레스 반응을 보인다.

✣ 가장 친밀한 사람이 사라지거나 그 사람에게 무슨 일이 생길지도 모른다는 걱정을 유난히 그리고 항상 한다.

✣ 갑작스러운 사건 때문에(예를 들어 미아가 된다든지 유괴, 사고 또는 죽음 등의 이유로) 가장 친밀한 사람과 헤어지게 될지도 모른다는 걱정을 유난히 그리고 항상 한다.

✣ 가장 친밀한 사람과 떨어져야 하는 장소(대표적인 예로 학교를 들 수 있음)에 가는 것을 항상 기피하거나 거부한다.

✣ 가장 친밀한 사람과 떨어져서 집이나 다른 장소에 있게 되는 것을 유난히 그리고 항상 두려워하고 거부한다.

✣ 가장 친밀한 사람과 떨어져서 잠자리에 드는 것을 항상 기피하고 거부한다.

✣ 가장 친밀한 사람과 헤어지는 악몽을 반복적으로 꾼다(특히 5세부터 8세까지).

✣ 가장 친밀한 사람과 떨어지게 되는 상황이 닥치면 즉시 복통이나 두통, 구토증 또는 설사 등의 신체적 고통을 호소한다.

요슈아(12세)의 부모는 아이가 점점 더 친구들과도 멀어지고 취미 활동도 하지 않아 걱정이다. 어릴 때도 별로 사교적인 편은 아니었으나 얼마 전부터는 친구네 집에 놀러가는 일이 아예 없어졌다. 그뿐만 아니라 취미로 하던 활쏘기나 기타 수업도 소홀히 한다.

밤에는 가끔 진땀을 흘리면서 깨어나 부모의 침실로 와 거기서 자겠다고 한다. 아침이면 깨우기가 너무나 힘이 들고 마냥 늑장을 부리면서 학교에 가지 않으면 안 되냐고 묻는다. 마음대로 하라고 했다가는 매일 집에만 있겠다고 할 지경이다. 아침마다 요슈아의 부모는 갖은 애를 쓴 끝에 겨우 아이를 학교에 보낸다. 그런데 일단 학교에 도착하면 요슈아는 수업을 싫어하는 것도 아니다. 그래서 남들이 보기에는 요슈아가 학교 다니기를 좋아하는 것처럼 보인다.

벌써 한 달째 등교를 거부하고 있는 토르벤(14세)은 요슈아와는 완전히 다른 경우다.

토르벤은 부모 그리고 두 명의 형제자매와 함께 시골에 살고 있다. 그 아이는 학교를 자주 결석한다. 처음에는 가끔씩 학교를 빠지다가 나중에는 결석을 계속하게 되었다. 토르벤은 아침마다 심한 구토증을 느낀다. 아빠가 억지로 차에 태워 학교에 데려가려고 하자 조수석에서 토하고 말았다. 그 다음부터는 남들이 보는 데서 토할까 봐 무척 두려워하며 부모가 아무리 설득해도 등교를 거부하고 있다.

일시적으로 나타났다가 사라지기도 하는 분리불안

분리불안을 보이는 아이들은 유년기에도 수줍음이 많고 대인 관계를 꺼리는 편이었던 경우가 대부분이다. 이런 아이들에게 처음으로 문제가 발생하는 시기는 유치원 때이다. 그런데 이 시기의 분리불안은 대부분 아이가 낯선 환경에 익숙해지면 자연스럽게 사라진다. 그러다가 아이가 초등학교에 입학을 하거나 전학을 하게 되면 다시 나타난다. 이렇게 볼 때 분리불안은 특정 기간에 일시적으로 나타나는 현상이라 하겠다. 아이가 분리불안을 보이는 기간이 얼마나 긴지 그리고 얼마나 자주 그것이 되풀이되는지는 아이에 따라 다르다.

분리불안이 갑자기 나타나는 경우는 보통 어떤 특별한 상황이 원인으로 작용했을 때이다. 무엇보다도 스트레스를 받는 상황, 예를 들면 학교에 입학하거나 혹은 학년이 올라가 반이 바뀌는 경우, 전학을 간다거나 가까운 사람이 중병에 걸린 경우, 가정에 큰 문제가 발생한 경우 그리고 이사를 가거나 사춘기가 시작되거나 하는 경우 등이 스트레스와 분리불안을 발생시킬 수 있는 상황이다. 그리고 아이가 가장 친밀한 사람과 비교적 긴 기간을 함께 지내고 난 직후 분리불안이 나타날 가능성은 훨씬 더 높아진다. 대표적인 예로 아이가 가족과 함께 그리고 가족끼리만 많은 시간을 보내게 되는 방학 기간도 그런 경우에 해당된다.

루이제는 식구들과 야영 생활을 하면서 휴가를 보내고 온 다음에 아주 심한 분리불안 증세를 보였다. 휴가 기간 중 루이제는 혼자 텐트 안에서 자는 것을 무서워했다. 그래서 3주 내내 부모는 루이제를 데리고 잤다. 집에 돌아와 다시 자기 방에서 혼자 자야 할 상황이 되자 루이제는 쉽게 잠이 들지 못할 뿐만 아니라 낮에도 혼자 있지 않으려고 한다.

분리불안은 비교적 쉽게 극복되며 놀랄 정도로 빨리 사라지는 경우도 드물지 않다. 하지만 언제라도 다시 나타날 수 있다는 가능성도 염두에 두어야 한다.

분리불안을 보이는 아이가 청소년일 경우 문제는 좀 더 심각하다. 왜냐 하면 청소년의 분리불안은 흔히 훨씬 더 심각한 요인에서 비롯된 것이기 때문이다. 이런 경우에는 최대한 빨리 전문가(아동 및 청소년 심리학자)의 도움을 받아야 한다.

: : 걱정이 팔자인 아이와 수줍음을 많이 타는 아이

분리불안 외에도 두려움 때문에 학교를 자주 빠지는 아이들은 두

가지 유형이 있다. 그 중 하나는 '범불안 장애'가 있는 아이들인데 이 아이들은 전형적인 비관론자이다. 여기 속하는 아이들은 부모에게 끊임없이 "이러이러한 일이 일어나면 어떻게 해요?" 하고 묻는다. 다른 하나는 '사회적 불안'을 겪는 아이들로 수줍음을 많이 타고 소극적이며 사회적 관계, 즉 대인 관계를 꺼린다.

리자(13세)는 올해도 엄마, 아빠와 함께 여행을 떠난다. 작년에 리자네 가족은 휴가 여행을 위해 비행기 표를 예약했다. 비행기에 탑승하기도 전에 리자는 매우 불안해하면서 부모에게 비행기가 추락할 수도 있느냐고 계속 물었다. 비행기가 이륙할 때쯤에는 어쩔 줄 모르며 온몸을 부들부들 떨었다. 그래서 리자의 부모는 올해는 기차 여행을 하기로 했다. 그런데 기차 여행이라고 해서 나을 것도 없었다. 리자는 이번에는 기차가 탈선할지도 모른다고 겁을 내면서 엄마 곁에 꼭 붙어 앉아 걱정스러운 얼굴로 내내 창밖만 내다보았다. 여덟 시간이나 걸린 기차 여행 끝에 목적지에 도착했을 때에는 온 식구가 너무나 신경을 쓴 나머지 녹초가 되었다.

리자의 이런 지나친 걱정은 새삼스러운 것이 아니다. 리자는 종종 엄마, 아빠에게 무슨 일이 생기면 혹은 아빠가 실직을 하면 어떻게 되나, 얼마 남지 않은 학교 공연을 망치면 어떻게 되나 걱정이 태산이다. 리자의 부모는 매번 "무슨 일이 생기면 어떻게 되는지…" 걱정하는 리자에게 어떤 대답을 해 주어야 할지 고민이다.

리자의 행동은 범불안 장애를 지닌 아이들이 보이는 전형적인 증상이다. 범불안 장애를 지닌 아이들은 일상생활의 다양한 상황에서 끊임없이 걱정을 하는 경향이 있다. 이 아이들은 새로운 상황을 싫어하며 종종 자기가 가장 친밀감을 느끼는 사람에게 불길한 일이 일어날 것 같다는 생각에 크게 걱정한다. 물론 다른 아이들도 이런저런 걱정을 하긴 하지만 범불안 장애가 있는 아이들의 경우는 그 걱정이 훨씬 더 자주 그리고 지나치게 나타나며, 일상생활 전반에 걸쳐 여러 가지 상황에서 보인다. 그리고 그것을 경험하는 아이들 자신이 불안 혹은 걱정이 수시로 자기를 엄습하는 것을 통제할 수 없다고 느낀다.

범불안 장애를 지닌 아이들에게는 거의 모든 것, 예를 들어 발생할 수 있는 온갖 사고들, 이런저런 집안 문제, 적절한 옷차림, 친구와의 약속, 날씨 등이 걱정거리가 된다. 그들은 자기 자신의 건강뿐만 아니라 자기와 가까운 사람의 건강에 대하여 걱정하고 집에 도둑이 들까 불안해하며 학교 성적과 그 밖의 온갖 것에 대해서도 걱정을 멈출 수가 없다. 그들은 자기가 걱정하는 것에 관하여 끊임없이 질문을 함으로써 상대방이 자기를 안심시켜 주기를 바란다. 리자의 경우 아침마다 엄마에게 자기가 고른 옷을 입고 학교에 가도 괜찮을지 물어본다.

범불안 장애를 지닌 아이들은 때로 완벽주의 성향을 보인다. 그렇게 함으로써 자기가 두려워하는 일이 일어나는 것을 막으려는 것이다. 이 아이들은 끊임없는 걱정 때문에 스트레스를 무척 심하게 받는다.

범불안 장애가 있는 아이들은 학교에 결석하는 일이 그다지 많지는 않지만 가끔 등교 거부를 하는 날이 있다.

프레데릭은 학교 갈 마음의 준비가 안 되었다고 느끼는 날은 침대에서 나오지 않는다. 학교에서 시험을 보면 나쁜 성적을 받을까 두렵기 때문이다. 리자는 숙제를 깜빡 잊고 하지 않았거나 미처 다 하지 못했을 때마다 학교에 가지 않는다.

범불안 장애가 있는 아이들은 학교 성적이 걱정될 때 등교 거부를 한다. 그럴 때 말고는 반드시 등교 시각을 엄수하려 한다. 중요

범불안 장애의 전형적인 증상들

✢ 일상적인 문제들에 관하여 비현실적인 걱정을 한다.
✢ 두려워하는 것을 통제할 수 없다.
✢ 짜증, 심한 긴장, 구토증, 통증, 집중력 장애
✢ 완벽주의
✢ 안심시켜 주기를 바라는 질문을 자주 반복한다.
✢ 일상적인 활동에서 현저한 장애가 나타난다.

한 부분을 놓치거나 선생님한테 꾸중을 들을까 걱정하기 때문이다.

범불안 장애를 보이는 기간이 길수록 그것이 사라지기는 힘들어진다. 아이가 범불안 장애 증상을 보일 때 지켜야 할 첫 번째 원칙은 아이가 걱정할 때마다 일일이 반응해서는 안 된다는 것이다. 일례로 플로리안의 엄마는 아이가 "아빠가 정말 무사히 출장을 마치고 돌아오실까요?" 하는 질문을 다섯 번째로 했을 때 침착하게 "내가 좀 전에 너한테 뭐라고 대답했는지 잘 생각해 보렴." 하고 대답했다. 그 이상의 반응을 보여서는 안 된다! 그리고 이런 아이들의 경우 아이의 자신감을 키워 주는 것이 불안 극복에 큰 도움이 된다.

남들이 흉볼까 두려워_ 사회적 불안

마르크(14세)는 얼굴이 보이지 않게 모자를 푹 눌러쓴 채 학교 체육관에 서있다. 쉬는 시간이면 늘 그래 왔듯이 다른 아이들이 탁구 시는 것을 구경하고 있는 것이다. 아이들은 처음에는 마르크에게 같이 하지 않겠느냐고 권했지만 마르크가 매번 거절하자 이제는 더 이상 묻지도 않는다.

마르크는 함께 어울려 탁구를 치는 아이들이 부럽다. 마르크가 보기에 공을 못 맞힐까 봐 혹은 친구들 앞에서 망신당할까 봐 걱정하는 아이는 아무도 없는 것 같다. 수업 시간에도 마르크는 선생님의 질문에 절대로 나서서 대답하지 않는다. 완전히 틀렸거나 멍청한 답일지도 모르는데 공연히 대답을 했다가 아이들한테서 비웃음을 살까 두렵기 때문이다.

마르크는 '사회적 불안'을 겪고 있다. 여기서 이 불안을 사회적이라 하는 까닭은 다른 사람들과 직접적으로 관계가 있기 때문이다. 사회적 불안의 주원인은 남들에게서 받게 될지도 모르는 부정적 평가이다. 사회적 불안을 지닌 아이들은 종종 자신이 무언가 '창피한 일'을 해서 다른 사람들의 웃음거리가 될까 봐 두려워한다. 따라서 여기 속하는 아이들은 어떤 종류의 평가든 남들에게서 평가받는 상황을 거의 모두 부담스럽고 불편한 것으로 받아들인다. 이 아이들이 꺼리는 상황은 무척 다양하며 때로는 아주 사소한 일들조차도 이 아이들에게는 두려움의 대상이 된다.

▶ 수업 시간에 대답하는 일

'내 대답이 틀린 것이거나 말도 안 되는 것일지도 몰라. 그럼 다들 나를 멍청하다고 생각하겠지.'

▶ 다른 사람 앞에서 자기 능력을 드러내는 일

예를 들어 앞에 나가서 책을 읽는다거나 노래를 부르는 것 혹은 발표를 하는 것 아니면 칠판에 무언가를 쓰는 것 등

▶ 남 앞에서 식사하는 일

'포크로 음식을 집다가 떨어뜨릴지도 모르고 입가에 음식이 잔뜩 묻어 지저분할지도 몰라.'

▶ 거의 텅 빈 교정을 가로지르는 일

'넘어질지도 몰라.' '내 걸음걸이가 우스꽝스럽게 보일지도 몰라. 옷차림이 이상한

건 아닐까?'

▶ 식당에서 주문하는 일

'종업원이 내 말을 못 알아들으면 어떡하지? 그럼 다들 나만 쳐다볼 텐데.'

▶ 대화를 시작하는 일

'뭔가 말도 안 되는 소릴 하게 될지도 몰라. 그럼 날더러 정말 무식하다고 하겠지!'

▶ 남자(여자) 친구를 사귀는 일

'그 애가 날 좋아할 리가 없어. 분명히 나한테서 수많은 결점을 찾아내겠지. 그리고

금방 헤어지자고 할 거야.'

사회적 불안을 갖고 있는 아이들이 위에서 예로 든 상황 모두를 두려워하는 것은 아니다. 많은 아이들이 일부 특정한 상황에서만 두려움을 느낀다.

마르쿠스(11세)는 수업 시간에 선생님의 질문에 대답하는 데는 별로 어려움이 없다. 그러나 다른 아이들에게 말을 걸어야 하는 상황에서는 목소리가 떨리고 목에는 붉은 반점이 생긴다. 그리고 무슨 말을 해야 할지 막막하다. 그래서 마르쿠스는 반 친구들이 얘기하고 있을 때에는 자기가 잘 아는 문제가 화제가 될 경우에만 대화에 낀다. 마르쿠스는 특별한 사회적 불안을 지닌 경우이다. 마르쿠스가 두려워하는 것은 다른 아이들과의 대화 도중에 웃음거리가 되는 일인 것이다.

많은 부모들이 자기 아이가 원래 혼자 있는 걸 좋아하고 조용한 성격인지 아니면 아이의 태도 배후에 두려움이 있는지 잘 모른다. 일례로 아홉 살인 남자아이 야니스는 혼자 노는 것을 좋아한다. 혼자서 쌓기 장난감을 가지고 오후 내내 놀 정도이다. 야니스는 어렸을 때부터 혼자서 잘 놀았다. 열 살 난 남자아이 루카스도 자주 혼자서 논다. 루카스가 친구를 집에 데려오는 일은 거의 없다. 야니스가 성격상 조용한 아이에 속한다면 루카스는 사회적 불안을 갖고 있는 아이다.

하지만 내 아이가 어디에 속하는지 어떻게 구별할 수 있을 것인가? 그러기 위해서는 아이의 태도를 주의깊게 살펴보아야 한다. 야니스는 다른 아이들과 어울리는 데 별 어려움이 없다. 생일 파티에 초대받아 가기도 하고, 수업 시간에 발표도 곧잘 하며 다른 아이들과 비교적 사이가 좋은 편이다. 반면에 루카스는 또래 아이들과 있을 때 어쩐지 안절부절못하는 인상을 준다. 말도 별로 하지 않을 뿐만 아니라 눈에 띄지 않게 조용히 있으려고만 한다. 두통이나 구토증을 호소하는 일이 종종 있으며 또 그런 이유로 생일 파티나 소풍에 빠진다.

사회적 불안을 가진 어린아이는 대부분 자신의 두려움을 말로 표현하는 데 무척 어려움을 느낀다. 이런 경우에 아이들은 보통 신체적 고통, 즉 두통이나 복통, 구토증 등의 증세를 통해 자신이 느끼는 두려움을 표현한다. 이 아이들은 사람들이 모여 있는 장소에서는 가능한 한 멀찌감치 떨어져 있으려고 한다. 다른 사람과 교류하는 상황 자체를 피하려고 애쓰는 것이다. 이런 아이들을 자녀로 둔 부모들은 매번 크면 괜찮아진다는 말을 듣지만 실제로는 그렇지 않다. 사회적 불안을 가진 아이의 경우 크면서 저절로 좋아지는 일은 유감스럽게도 그다지 많지 않다.

앞에서 예로 들었던 마르크의 경우를 다시 생각해 보자. 마르크는 다른 아이들이 탁구 치는 것을 구경만 하고 절대로 끼지 않으며 수업 시간에 대답도 거의 하지 않는다. 그리고 다른 아이들과 어울리는 일도 무척 드물다. 같은 반 아이들은 마르크의 이런 태도에 이제 익숙해져서 마르크에게 집으로 놀러오라고 하는 일도 점점 줄어들었다. 그러다 보니 마르크는 친구들과 어울릴 기회가 거의 없고 아이들과의 관계에서 느끼는 불안감은 상대적으로 더욱 더 커지는 악순환이 되풀이된다. 심한 두려움 때문에 정상적으로 성장하기 어려운 아이들을 돕기 위해서는 그런 악순환을 최대한 빨리 없애야 한다.

이 책의 뒷부분에서 아이의 자립심과 자신감을 높일 수 있는 방법으로 소개하는 것들은 사회적 불안 때문에 힘들어하는 아이들에게 도움이 될 것이다.

야뇨증

학교공포증을 갖고 있는 아이들 가운데 일부는 야뇨증을 보이기도 한다. 대소변 가리는 데 아무 문제 없이 몇 년간을 지내 왔던 아이가 느닷없이 밤에 실수를 할 수 있다. 당연히 대부분의 부모는 경악한다. 하지만 부모보다 더 괴로운 것은 아이 자신이다. 야뇨증은 창피한 일일 뿐만 아니라 그것 때문에 수학여행을 가거나 친구 집에서 자고 오는 일이 끔찍하게 괴로운 일이 되거나 아예 불가능해져 버린다. 야뇨증을 보이는 아이들 가운데 대다수는 시간이 지나면, 그리고 무엇보다도 야뇨증의 원인이었던 두려움이 줄어들면 저절로 나아진다. 63쪽에 소개하는 몇 가지 간단한 방법은 아이가 야뇨증이라는 괴로운 상태에서 하루빨리 벗어나는 데 도움이 될 수 있다.

아이들 가운데는 한두 가지 간단한 방법만으로도 야뇨증이 쉽게 고쳐지는 경우도 있다. 그리고 다음에 소개하는 짧은 이야기를 병행하면 특히 어린아이의 경우 더 큰 효과를 볼 수 있다.

우리 몸속에는 누구한테나 작은 기니피그가 있어. 진짜로 있다는 게 아니고 우리 상상 속에 있는 건데 저녁이 되어 우리가 피곤해질 때 기니피그는 잠에서 깨어난단다. 이 기니피그는 아주 작지만 굉장히 중요한 임무를 맡고 있지.
우리가 자고 있을 때 우리를 지켜보는 일을 하거든. 그래서 우리가 자다가
화장실에 꼭 가야 할 때 알람을 울려 준단다. 우리 머릿속에서 막 뛰어다니
면서 "일어나! 일어나! 지금 빨리 화장실에 가야 해!" 하고 외치는 거지.
하지만 가끔은 기니피그가 자기 할 일을 제대로 하지 못할 때도 있단다.
나쁜 마음을 먹고 그러는 건 아니야. 그냥 좀 혼란스러워서 그럴 때가 있어.
내가 아는 어떤 남자애가 그런 경우였단다. 걔가 수영을 배울 때 3미터 높
이 다이빙대에서 뛰어내려야 했거든. 걔는 그게 너무나 무서웠어. 다이빙대
에 서 있는데 밑에서 자기 반 애들이 전부 자기를 올려다보니까 더 겁이 났
지. 그 애는 도저히 용기가 나지 않아서 애들이 모두 지켜보는 가운데 그냥
계단으로 도로 내려오고 말았대. 그 아이 기분이 어땠을지 짐작이 가니? 걔
네 반 남자애들은 전부 큰 소리로 걔를 비웃었대. 여자애들 중에도 그런 애
들이 꽤 있었고. 그 사건 때문에 애들이 한 주 내내 그 아이를 무척 놀렸다

야뇨증에 대한 대처 방안

+ 취침 전 수분 섭취를 제한한다.
+ 잠자리에 들기 직전 다시 한 번 화장실에 보낸다.
+ 아침 일찍 깨워 화장실에 가게 한다.
+ 밤새 무사히 지나갔을 경우 칭찬한다.
+ 문제가 생겼을 경우 부담을 주지 않는다.
  다만 침대 시트나 요는 반드시 아이 스스로 갈게 한다.

나 봐. 그래서 그 애는 무척 신경이 예민해졌어. 그리고 그 애의 기니피그까지도 평소의 리듬이 완전히 깨진 거야. 그 애가 비웃음을 살 때마다 기니피그가 깨어나서 알람을 외쳤대. 그러고는 밤에는 너무나 피곤해서 잠이 들어 버렸어. 그 애가 밤에 화장실에 가야 할 때 기니피그가 알려줘야 하는데 잠들어 버렸으니 알려줄 수가 없었지. 다이빙대 사건이 기억에서 사라진 지 한참 후에도 그 애의 기니피그는 원래의 자기 임무로 완전히 돌아가지 못했단다. 자꾸만 밤에 잠이 들어서 그 애가 자다가 화장실 가야 하는 걸 알려주지 못했지.

다행히 그 애의 엄마는 그 애의 기니피그에게 무슨 문제가 있는지 잘 알고 있었어. 기니피그가 원래 자기 임무를 다시 기억할 수 있도록 상기시켜야 한다는 걸 알고 있었거든. 그래서 종이에 그림을 그렸단다. 그 애는 매일 아침, 그 그림에 자기 기니피그가 임무를 제대로 수행했는지 아닌지 표시를 해야 했어. 그리고 얼마 지나지 않아 그 애는 고쳐졌단다!

이와 같은 방법을 사용하면 야뇨증에 대하여 아이와 대화를 나누더라도 아이가 부담을 받지 않을 수 있다. 왜냐 하면 밤에 일어난 사고는 기니피그의 잘못이기 때문이다. 아이는 기니피그가 자기가 맡은 일을 제대로 잘 하는지 감시하기만 하면 되는 것이다.

▶ 매일 아침 아이에게 65쪽의 기니피그 그림의 작은 동그라미 안에 웃는 얼굴 또는 찡그린 얼굴을 그리게 한다.

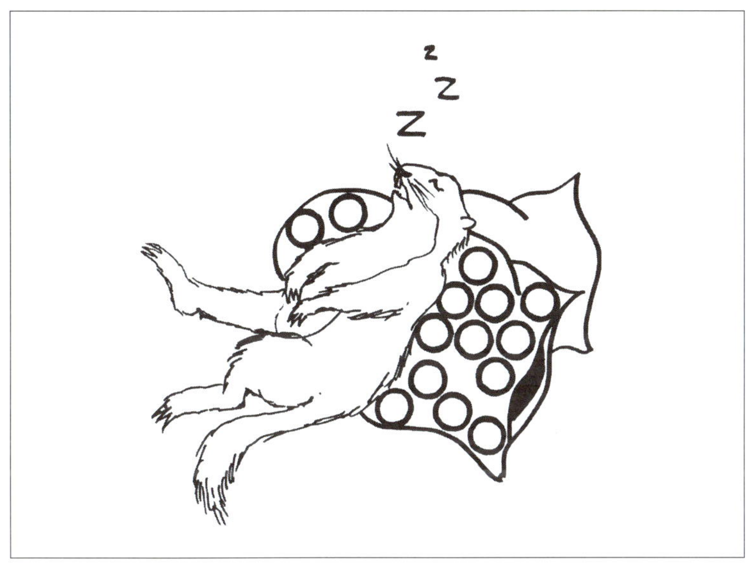

▶ 웃는 얼굴을 그린 날에는 칭찬을 해 준다. 상으로 아침식사에 따뜻한 코코아 한 잔을 준다거나 아니면 저녁에 텔레비전을 30분 정도 더 보게 해 주는 것도 생각해 볼 만하다.

여기 소개한 방법으로 전혀 효과가 없을 경우 의사에게 부탁하여 야뇨증 치료에 도움이 되는 도구를 구입하여 사용한다.

이런 도구의 도움을 받아도 전혀 효과가 없는 경우도 있다. 그런 경우는 야뇨증의 원인이 단순한 것이 아니므로 부모는 아동·청소년 심리치료 전문가를 방문하여 아이가 적절한 치료를 받도록 해야 한다.

손톱을 심하게 물어뜯는 행동

손톱을 물어뜯는 행동은 스트레스에 시달리는 아이들에게서 흔히 볼 수 있다. 대략 아이들 중 30퍼센트 정도 그리고 성인의 10퍼센트 정도가 반복적으로 손톱을 물어뜯는다고 한다. 손톱을 물어뜯는 행동 자체는 그다지 중요하지 않다. 중요한 것은 손톱을 물어뜯는 행동을 왜 하는지 그 원인을 밝히는 것이다. 하지만 아이가 너무 심하게 손톱을 물어뜯어서 상처가 날 경우에는 즉각적인 조치가 필요하다.

손톱을 물어뜯는 버릇은 아이를 야단치거나 아이에게 압력을 행사해서 고쳐지는 것이 아니다. 그렇게 하면 아이의 버릇은 오히려 더 심해질 뿐이다. 어떤 부모는 아이의 버릇을 없애기 위해서 맛이 고약한 액체를 손톱 밑에 발라 두는 방법을 쓰기도 한다. 이 방법 역시 효과를 보장할 수 없다. 최악의 경우 아이는 손톱을 물어뜯는 것은 그만둘지 모르지만 대신에 긴장감을 달래줄 다른 방법을 찾을 것이다. 어쩌면 심하게 콧구멍을 쑤시는 행동을 시작할지도 모르는 일이다. 맛이 고약한 액체를 바르는 방법이 실제로 지속적인 효과를 거두려면 아이 자신이 손톱을 물어뜯는 행동을 더 이상 하지 않겠다는 확고한 의지를 가져야 한다. 그럴 경우에만 액체의 쓴맛이 아이에게 '그만! 손톱 물어뜯는 것 이제 안 하기로 했는데!' 하고 상기시키는 작용을 하기 때문이다.

아이를 야단치는 대신 조금이라도 덜 하는 것 같으면 칭찬을 해주는 것이 바람직하다. 다시 말해서 아이에게 부담을 주지 않으려면 손톱을 물어뜯는 행동은 무시하되 물어뜯지 않고 잘 참으면 칭찬을 하는 것이 좋다. 손톱을 물어뜯는 행동이 대부분 긴장감이나 스트레스 때문이라는 점을 고려할 때 여기에서도 긴장을 완화시키는 방법(247쪽 참고)가 도움이 될 것이다.

틱 증상

'틱 증상' 이란 갑자기 원치 않는 동작이나 소리가 빠르게 반복적으로 나타나는 것을 억제할 수 없는 상태를 가리킨다. 틱 증상을 보이는 아이는 아주 잠시만 이것을 억제할 수 있을 뿐이다. 흔히 볼 수 있는 틱 증상은 눈을 심하게 깜박거린다거나 입을 계속 씰룩거린다거나 입이나 코를 손으로 끊임없이 만지작거리는 등의 행동이다. 음성 틱의 경우 꺽꺽 거리는 소리를 계속 낸다거나 킁킁 거리는 콧소리를 반복하는 것 혹은 심한 딸꾹질 등을 예로 들 수 있다.

학교에 다니는 아이들 가운데 약 25퍼센트가량이 짧은 기간 동안 틱 증상을 보이는 것으로 알려져 있다. 이 아이들 중 대부분은 특별한 관심을 기울이지 않아도 일정 시간이 흐르면 저절로 틱 증상이 없어진다. 그러나 극히 일부는 틱 증상을 장기간 보이기도 한다.

틱 증상을 나타내는 아이들 중에는 학교에 있는 동안에는 거의 정상적으로 행동하는 아이들도 있다. 다만 그런 아이들이 오후에 집에 돌아와서는 한층 격렬하게 틱 증상을 보인다. 특히 화면에 집중해야 하거나 흥분의 정도가 높은 활동을 하는 경우, 다시 말해 텔레비전을 시청하거나 컴퓨터 게임을 할 때 틱 증상이 심하게 나타나는 것을 볼 수 있다.

틱 증상을 보이는 아이에게 그렇게 하지 말라고 해야 아무 소용이 없다. 그것은 마치 갑작스럽게 터져 나오는 재채기를 참을 수 없는 것과 같다. 그리고 무엇보다도 그런 요구는 아이가 느끼는 부담감을 가중시켜 증상이 오히려 심해지는 결과를 낳기 쉽다.

우선적으로 해야 할 일은 아이와 그 문제에 대하여 차분하게 대화하는 시간을 갖는 것이다. 가끔 아이에게 틱 때문에 곤란한 점은 없는지, 학교생활을 하는 데 어려움이 있지는 않은지, 아이 자신은 자기 문제를 어떻게 느끼는지 등을 물어본다. 아이가 충분한 수면을 취할 수 있도록 하며 아이가 좋아하는 활동이나 운동을 적극적으로 도와준다. 이 문제를 갖고 있는 아이들에게도 긴장을 완화시키는 훈련이 증상을 가볍게 하는 데 도움이 될 수 있다. 아이의 틱 증상이 1년 이상 지속되고 두 가지 이상의 증상을 동시에 보일 때에는 전문가의 도움을 받아야 한다.

좌불안석 우리 아이, 대체 뭐가 문제일까?

부모들을 위한 훈련이 끝났을 때였는데 어떤 부부가 가지 않고 구석에서 머뭇거리고 있었다. 우리에게 꼭 하고 싶은 말이 있는 것처럼 보였다. 다른 사람들이 모두 가자 그들은 우리에게 다가오더니 단도직입적인 질문을 해서 우리를 놀라게 했다. "선생님께서는 저희 아이를 보셨으니까 아시겠지요? 저희가 뭔가 잘못한 게 있나요?" 하는 질문이었다. 두 사람 모두 아이 때문에 크게 걱정하고 있었으며, 아이 문제로 끊임없이 대화를 나누었다. 아이의 문제가 어디서부터 시작된 것일까? 그들 자신은 그리고 그들의 부모나 친척들은 어렸을 때 어땠나? 문제의 원인이 무엇보다도 유전적인 데 있는 것은 아닐까? 아이를 키울 때 무엇을 잘못했을까?

아이에게 문제가 있는 부모라면 누구라도 한 번쯤은 이런 고민을 해 보았을 것이다.

그런데 원인을 밝히는 과정에서 결코 간과해서는 안 될 것이 있다. 누구의 잘못이었는지 따지는 일이나 자기 자신을 비난하는 일과 같은 행동들은 절대로 해서는 안 된다는 점이다. 그런 일은 아이에게 거의 도움이 되지 않는다. 중요한 것은 문제의 해결책을 찾는 것이다. 게다가 불안 혹은 두려움의 원인이 단 한 가지뿐인 경우는 드물다. 아이가 무언가를 두려워하는 것은 복합적인 요소들이 원인으로 작용하여 그런 결과를 가져온 경우가 많다. 엄마와 떨어지게 될까 봐 두려워하는 아이가 둘 있다고 할 때 두 아이의 분리불안은 완전히 다른 원인에서 발생한 것일 수 있다. 그뿐만 아니라 똑같은 끔찍한 경험을 한 두 아이가 보이는 반응 역시 매우 다를 수 있다. 일례로 나란히 붙어 있는 연립주택에 사는 두 아이 리자와 넬레는 똑같은 경험을 했다. 두 아이의 집이 불타 버린 것이다. 리자가 그 화재 이후에 별다른 동요를 보이지 않은 반면에 넬레는 불을 몹시 무서워하는 반응을 보였다. 그 결과 넬레는 조금이라도 긴 시간을 집에서 떠나 있는 것을 무척 힘들어했다. 또다시 화재가 발생해 자기 집을 몽땅 태워 버리면 어쩌나 두려워했기 때문이다.

불안 장애의 원인이 무척 다양하긴 하지만 무엇이 아이의 불안을 심화시키는 원인으로 작용하고 있는지 그리고 어떤 것이 배후 요인으로 작용하고 있는지 알아낼 필요가 있다. 아이를 더 잘 이해하고 문제 해결 방법을 찾는 데 도움이 되기 때문이다.

: : 부모가 물려준 유전자의 힘

때로는 유전적인 정보가 아이에게 특정한 종류의 두려움을 갖도록 영향을 미칠 수 있다. 바꾸어 말하면 모든 사람이 갖고 있는 자연스러운 두려움들은 조상들로부터 물려받은 유산이나 다름없다. 그런 까닭에 두 살 정도의 어린이들은 예외 없이 일정 기간 동안 분리불안을 겪는다.

유전적인 요인은 어떤 아이가 심한 불안 증세를 보이는 데 영향을 미치기도 한다. 이런 이유에서 불안 장애에 시달리는 아이들의 경우 가까운 혈연관계에 있는 사람이 불안 증세를 보이는 것은 드문 일이 아니다. 보통 불안 장애 아동과 청소년의 3분의 1 정도가 부모나 형제자매 역시 불안 증세를 보인다. 물론 불안 또는 두려움의 대상이 반드시 같은 것은 아니다. 파울은 아주 사소한 것일지라도 무대공포증에 시달린다. 연극에 나간다거나 사람들 앞에서 말하는 것을 무척 힘들어 한다. 반면에 그의 아빠는 협소한 공간에서 두려움을 느낀다. 그는 항상 문가에 자리를 잡고 승강기

타는 것을 꺼리며 작은 탈의실을 싫어한다. 이렇게 볼 때 같은 대상에 대한 두려움은 아닐지라도 무언가에 대하여 심한 불안을 보이는 경향은 부모로부터 자식에게 유전될 수 있다고 하겠다.

하지만 불안감이 심한 부모의 자녀가 반드시 불안 증세를 보인다고 할 수는 없다. 더군다나 선천적으로 불안 증세를 갖고 태어나더라도 좋은 환경 덕분에 그 성향이 억제되는 경우도 충분히 있을 수 있다. 물론 그와 반대로 환경의 영향으로 그런 성향이 심한 불안 증세로 발전하기도 한다.

: : 아이 생활의 중대한 변화_ 위기 사건

아이의 삶에서 '위기 사건' 이란 그것을 겪는 과정에서 아이가 유난히 큰 스트레스를 받았던 사건을 가리킨다. 위기 사건은 크게 두 가지로 나눌 수 있다.

하나는 가까운 사람이나 동물의 부상 또는 상실과 관련된 체험이다. 대표적인 예로 부모 중 한 사람의 사망이나 애완견의 죽음 또는 유사한 경험을 들 수 있다. 다른 하나는 아이의 생활에 중대한 변화를 가져오는 사건들이다. 이사나 전학 혹은 부모의 이혼 또는 동생의 출생 등이 그런 사건에 속한다. 어른이 금방 알아차리기 어려울 정도로 일상적인 사건도 때로 아이에게는 심한 불안 증세를 불러일으키는 원인이 될 수 있다.

우리는 살아가면서 아이가 위기 사건을 겪는 것을 막을 수는 없다. 가족 구성원 가운데 한 사람이 전혀 예상치 못했던 상황에서 사고를 당하거나 갑작스럽게 사망하는 일은 언제라도 닥칠 수 있다. 하지만 다른 사건들 중에는, 예를 들어 이사 계획이 있을 때 아이가 상급 학교 진학을 앞두고 있다면 그 시기에 맞추어 이사 시기를 정하는 것과 같이 아이가 가능한 한 스트레스를 덜 받도록 조정 가능한 것들도 있다.

스트레스를 많이 불러일으키는 위기 사건을 경험할 때 아이들은 어른들의 태도를 자기의 역할 모델로 삼는다. 가족 중 누군가 죽었을 때 아이들에게 죽음도 삶의 과정이라는 것을 자연스럽게 보

위기 사건이란?

- 가장 친밀감을 느끼는 사람이나 동물의 죽음
- 가장 친밀감을 느끼는 사람이나 본인의 사고 또는 질병
- 전학 혹은 반이 바뀜
- 이사
- 부모의 이혼
- 형제자매가 집을 떠남
- 부모의 이직으로 함께 있는 시간이 더 적어짐
- 동생이 태어남
- 끔찍한 일(강도나 교통사고 등)을 당함

여줄 것인가 아니면 모든 대인 관계를 피하고 자신 속에 틀어박혀 지낼 것인가? 이사 준비를 하고 진행하는 과정에서 스트레스를 심하게 받고 쉽게 짜증을 내는 모습을 보여줄 것인가 아니면 아무리 피곤해도 아이를 위해서라면 언제라도 시간을 내줄 수 있다는 자세를 지킬 것인가?

: : 주변 환경의 영향

아이가 느끼는 두려움은 아이의 주변 환경에서 직접적인 영향을 받기도 한다. 여기서 주변 환경이란 아이의 성장 환경은 어떠한가, 아이의 가족과 친구 혹은 교사는 아이에게 어떤 태도를 보이는가 그리고 아이는 자라면서 어떤 경험을 했는가 등을 의미한다.

예를 들어 개를 키우고 있는 가정에서 성장한 아이는 개에 대해서 아무런 두려움을 갖지 않을 가능성이 높다. 그 아이는 몇 년씩이나 개와 함께 지내면서 날마다 개를 쓰다듬어 주었고 개와 함께 놀았으며 어쩌면 아이스크림을 나누어 먹었을지도 모른다. 그러니까 그 아이는 개와 함께 보냈던 시간을 통해 개가 위험한 존재가 아니라는 사실을 매번 경험한 것이다. 물론 이와는 반대로 아이의 경험이 아이의 두려움을 키우는 경우도 있다.

안톤의 부모는 아이에게 더할 나위 없이 지극한 사랑을 쏟는다. 그들은 안톤에게 아주 작은 위험도 닥치지 않게 보호하며 아이에게 필요한 것은 무엇이든 해 준다.

열다섯 살이 된 안톤은 지금까지 오후나 저녁에 혼자서만 집에 있었던 적이 한 번도 없었다. 그의 부모는 그에게 무슨 일이 생겨 도움이 필요하게 될지도 모른다는 걱정을 잠시도 접을 수 없었기 때문이다.

안톤은 이제 그의 부모가 항상 자기 곁에 있는 상황에 익숙해졌다. 그래서 여름방학에 야영장에 가자는 친구들의 제안에 어떻게 대답해야 할지 고민이다. 야영장이 자전거로 불과 한 시간 거리밖에 안 되는데도 선뜻 같이 가겠다는 말이 안 나온다. 친구들과 함께 모험을 하고 싶기도 하고 한편으로는 부모와 떨어져 무슨 일이 일어나면 어떻게 하나 겁이 나기 때문이다.

안톤의 부모는 아이에게 최선을 다하려고 했다. 그들은 아이가 안전하게 보호받으면서 자랄 수 있도록 비용과 노력을 아끼지 않았다. 그러나 그들이 아이에게 주지 못한 것이 한 가지 있었다. 그것은 안톤이 스스로 자신만의 작은 모험을 경험해 볼 수 있는 가능성이었다. 안톤의 부모가 안톤에게 만들어준 환경은 아이가 자립심을 시험해 보고 그것을 통해 배우고 성장할 수 있는 기회를 거의 허용하지 않는 환경이었던 것이다.

불안 증세를 부추기는 경우

도로에 커다란 갈색 개 한 마리가 주인 옆에 서서 여섯 살 난 남자아이 톰이 엄마와 함께 걸어오는 것을 바라보고 있다. 톰은 개를 향해서 빠른 걸음으로 다가간다. 얼른 만지고 쓰다듬어 보고 싶기 때문이다. 톰의 엄마가 깜짝 놀라 아이에게 돌아오라고 소리친다. 그리고 톰이 개한테서 멀어지자 말한다. "잘했다, 엄마 말을 들어서. 개를 보면 아주 조심해야 돼. 사람을 무는 위험한 개도 있거든!"

잠시 후 두 사람이 또 개와 마주쳤을 때 톰은 개를 향해 뛰어가는 대신 엄마 옆에 바짝 붙어서 걸어간다. 톰의 엄마는 톰에게 "엄마 말대로 하다니 착하구나. 아주 위험한 개도 있다는 것, 이제 알겠지?" 하고 말한다. 톰은 얼마 지나지 않아 개가 보일 때마다 엄마 다리에 매달린다.

부모 혹은 다른 어른이 그럴 의도가 전혀 없는데도 불구하고 아이에게 두려움을 옮기는 경우도 있다. 가장 직접적인 방법 중 하나는 아이가 불안 증세를 보일 때 그것을 부추기는 것이다. 톰의 사례에서 보듯이 엄마는 톰이 개를 피하거나 무서워하며 엄마한테 매달리자 아이를 칭찬했다. 그리고 실제로 톰의 엄마 자신도 개를 무서워했다.

아이가 가지고 있는 두려움은 또한 학습을 통해서 강화되기도 한다. 잠시도 가만있지 못하는 아이가 말썽을 부리면 아마도 어른에게 야단을 맞을 것이다. 아이로서는 기분 좋은 것은 아니지만 어쨌든 어른의 관심을 끌기는 한다. 롤링 스톤즈가 가끔 호텔방을 부수는 행동을 해서 세간의 화제가 되는 것을 보면 이해가 갈 것이다. 그와 마찬가지로 수줍음이 많은 아이도 자기가 불안 증세를 심하게 보일 때 사람들이 신경을 더 많이 써 준다는 것을 눈치챈다. 부모가 걱정을 해 주는 것이 아이에게는 기분이 좋고 또 동시에 자기의 두려움이 괜한 것이 아니었다는 증거가 되기도 한다.

그렇다면 아이의 바람직하지 않은 행동을 부추기지 않기 위해서 어떻게 해야 할까? 얌전하지 않은 아이들의 경우는 간단하다. 바람직한 행동을 할 때에는 칭찬을 하고 바람직하지 않은 행동을 할 때에는 무시한다. 그러나 수줍음이 많은 아이들의 경우는 다소 어렵다. 우리는 이런 아이들이 두려움을 느낄 때 관심과 안정감을 베풀어야 한다는 것을 마음속 깊이 느끼고 있다. 그리고 알맞게 베풀기만 한다면 그것이 가장 좋다. 아이에게는 부모의 지원과 가정 내에서의 안정감이 반드시 필요하기 때문이다. 그러나 아이의 불안 증세에 대하여 너무 많은 관심을 기울이면 아이의 증세가 오히려 심해진다.

테레자(8세)가 집중력 강화 훈련에 처음 온 날이었다. 훈련에 참가하기 전 상담에서 테레자의 엄마는 테레자가 훈련을 고대하고 있다고 했다. 하지만 어디든 처음 가는 경우에는 힘들어 한 적이 몇 번 있었다고 했다. 그런데 훈련에 참가하기 위하여 교실로 들어오기가 무섭게 테레자의 두 뺨에 눈물이 흘러내리기 시작한다. 테레자의 엄마는 아이에게 밖에서 기다리고 있겠다고 약속한다. 몇 분 지나지 않아 테레자는 교실 밖에 있는 엄마한테 달려간다. 그러고는 엄마 다리에 매달려 그야말로 통곡을 하기 시작한다. 마침내 엄마가 아이를 안아 일으키며 "알았다, 그렇게 싫으면 할 수 없지. 집에 가자!" 하고 말한다.

테레자의 엄마는 자기감정이 시키는 대로 행동했다. 그리고 그 행동이 그 순간에는 자신에게나 아이에게나 최선이었을 것이다. 테레자는 훈련에 참가하지 않아도 되었기 때문에 다시 정상적으로 행동할 수 있게 되었다. 테레자의 엄마는 아이를 달랠 수 있었고 그 결과 아이가 힘들어 하는 것을 볼 필요가 없게 되었다.

하지만 테레자가 살아가면서 어느 정도 두려움을 느끼게 될 낯선 상황은 얼마든지 생길 수 있다. 테레자는 그런 상황을 잘 견디지 못하고 심한 불안 증세를 보일 가능성이 높다. 테레자는 낯선 아이들과 함께 어떤 활동에 참여한다는 것이 어떤 것인지 경험하지 못했다. 그 대신에 자기 상태가 좋지 않을 때에는 엄마한테 매달리면 된다는 것을 배운 것이다.

유감스럽게도 적절한 지원과 과잉보호 사이의 경계는 아주 모호하다. 테레자의 엄마는 어떻게 행동했어야 할까?

테레자의 엄마는 딸이 예전에도 유사한 태도를 보였다는 점을 감안해서 집중력 강화 훈련에 데려오기 전에 아이가 낯선 상황에서 덜 힘들어 하도록 미리 조치를 취할 수도 있었다. 아이들은 자기가 참가하는 과정에 아는 아이가 있으면 모르는 아이들 틈에 섞여 있는 경우보다 적응하는 데 무척 도움이 된다.

훈련이 행해질 교실을 미리 둘러보는 것도 도움이 될 수 있다. 장소가 조금은 익숙하다는 것이 아이에게 안정감을 주기 때문이다. 우리 경험에 따르면 엄마가 교실 문 앞에서 기다릴 것이 아니라 아이만 데려다 주고 즉시 떠나는 것이 낫다. 대부분의 아이들이 초기의 불안감이 사라지면 바로 진정이 된다. 그리고 다른 아이들과 조금 사귀게 되면 점점 더 활발한 태도를 보인다.

학교 스트레스로 힘들어 하는 아이들을 위한 훈련이 시작되기 전 한 엄마로부터 전화를 받았다. 아들 필립(8세)을 그 훈련에 참가시키려고 신청을 했는데 아이가 새로운 환경에서는 불안해 하고 아주 소극적이라고 했다. 그걸 잘 알기 때문에 아이가 낯선 환경에 적응해야 할 때에는 아이만 두고 바로 그 장소를 떠난다고 했다. 실제로 훈련에 참가하러 온 순간부터 필립은 엄마한테서 잠시도 눈을 떼지 않았다. 하지만 엄마는 필립이 재킷을 벗자마자 잘 하라는 말과 함께 아이에게 작별 인사를 하더니 교실 밖으로 나가 버렸다.

필립은 자리에 앉아 수줍은 태도로 다른 아이들을 쳐다보았다. 겉으로 보기에 금방이라도 울음을 터뜨릴 것 같았다. 필립이 그 장소와 거기 있는 아이들에게 적응이 되기까지는 시간이 꽤 걸렸다. 그래도 그 아이는 함께하자는 권유에 첫 번째 게임부터 바로 참여했다. 그리고 자기 덕분에 자기 팀이 점수를 따서 모두들 환호성을 터뜨리자 좋아서 얼굴이 환해졌다. 처음에 보았던 걱정스러운 표정은 씻은 듯이 사라졌다. 마침내 훈련이 끝났을 때 필립은 밝은 얼굴로 손을 내밀며 작별 인사를 했다. 내가 씩씩하게 잘 해냈다고 칭찬했더니 그 아이는 활짝 웃으며 "또 올게요!" 했다.

두 가지 사례 모두 아이가 새로운 상황에서 불안감을 보이는 경우였다. 테레자가 불안감 때문에 낯선 상황에서 도피한 반면에 필립은 모르는 아이들만 있는 상황이라도 두려워할 필요가 없다는 사실을 배우게 된 것이다.

두려움도 학습의 결과

아이들에게 관찰은 매우 중요한 학습 수단이다. 어린아이를 둔 부모라면 이 점에 특히 공감할 것이다. 유년기의 아이들은 자기 주변에 있는 어른이나 형제자매의 행동방식을 눈여겨본다. 아이들은 우리가 어떻게 양치질을 하는지, 우리가 무슨 말을 하는지 그리고 우리가 어떤 의견을 지지하는지 관찰하고 흉내 낸다.

닉이라는 아이가 아빠랑 아빠 친구들과 함께 오후 시간을 보냈다. 그랬더니 그날 저녁 잠자리에 든 이 네 살짜리 꼬마가 엄마에게 확신에 찬 어조로 "엄마, 바이에른 (축구) 팀은 실력이 완전 젬병이야!"라고 말하는 것이 아닌가!

어른이 무서워하는 것은 아이도 무서워한다는 것을 가장 잘 보여주는 예 중의 하나가 바로 거미에 대한 두려움이다. 아이가 거미를 두려워하는가 그렇지 않은가는 대체로 아이와 가까운 어른이 거미에 대하여 어떤 태도를 보이느냐에 따라 결정된다.

부모가 거미를 보고 무서워하면서 멀찍이 떨어져 진공청소기로 해치운다거나 거미줄을 없애버린다면 아이 역시 십중팔구 거미를 보자마자 기겁을 할 것이다. 반면에 부모가 거미를 보고도 태연자약하게 손으로 집어 밖에 내다 버린다면 아이 또한 거미에 대하여 특별한 두려움을 갖지는 않을 것이다. 이렇게 볼 때 아이들은 단지 어른들의 행동 방식을 관찰하는 데 그치지 않고 특정한 사물이나 상황을 두려워해야 하는가 그렇지 않은가를 배운다고 하겠다.

레나(13세)는 가족들과 함께 휴가 여행을 떠나는데 목적지까지는 열 시간 동안 비행기를 타야 한다. 비행기에 탑승하자 레나는 온몸을 떨고 식은땀을 흘리기 시작한다. 어찌나 흥분했는지 속이 메스꺼울 지경이다. 엄마는 레나가 토할 경우 사용할 수 있도록 비닐봉투를 가까이 놓아둔다. 아빠는 레나의 태도를 참을 수 없다면서 다른 승객과 자리를 바꾼다. 그 자신도 비행기가 곧 출발할 것이라는 생각에 아찔하다.

레나의 가족은 지난번에 비행기 여행을 예약했다가 취소했다. 여행을 떠나기 얼마 전 테러리스트들이 비행기를 납치한 사건이 보도되었기 때문이다. 레나의 아빠는 자기 가족을 그런 위험에 처하게 할 수가 없었다. 이번 여행을 하기 전에도 혹시 비슷한 사건이 일어나지는 않았는지 매일 아침 신문 기사를 확인했고 저녁이면 인터넷으로 최근 테러리스트들의 동향은 어떤지 계속 검색했다. 레나는 아빠처럼 비행공포증을 보이고 있다.

아이들은 어른들과 함께 보내는 시간을 통해 두려움을 받아들이는 것과 마찬가지로 자신감을 키워 나가기도 한다. 우리는 아이들에게 당연한 것들, 그래서 두려워할 필요가 없는 것들을 두려워하지 않는 태도를 통해서 모범을 보일 수 있다. 그리고 그보다 더 중요한 것은 우리 자신의 두려움에 맞서 그것을 극복함으로써 아이들에게 모범이 될 수 있다는 점이다!

부모의 이중적 태도

종종 아이들을 불안하게 만드는 요인으로 작용하는 것 가운데 하나는 부모의 이중적 태도이다. 다음 사례는 그런 경우를 잘 보여준다.

라이안은 다섯 살짜리 남자아이로 유치원에 다니면서 친구를 몇 명 사귀었다. 그 중 한 아이가 자기 생일 파티에 라이안을 초대했다. 오후에 자기네 집에 와서 놀다가 저녁에 자고 가라는 것이었다. 라이안은 처음에는 뛸 듯이 기뻐하더니 막상 친구네 집에 갈 날짜가 다가오자 슬슬 걱정이 되는 모양이었다. 라이안의 엄마는 아이에게 둘이서 얼마나 신나게 놀 수 있는지 생각해 보라면서 계속 용기를 불어넣어 주려고 애썼다.

가장 친한 친구의 생일을 맞아 친구네 집에 간 라이안은 맛있는 것도 잔뜩 먹고 좋아하는 놀이도 하면서 오후를 즐겁게 보냈다. 저녁이 되자 라이안의 엄마가 별일 없는지 확인하느라 전화를 걸었다. 엄마 목소리를 들은 라이안은 갑자기 집에 가고 싶어졌다. 친구네 집에서 자고 간다는 생각은 더 이상 할 수가 없었다.

라이안의 엄마가 보인 태도는 충분히 이해할 만하다. 자기 아이가 정말로 잘 지내고 있는지 걱정이 되었을 것이다.

그러나 그녀의 태도는 아이에게 이중적인 메시지를 전하고 있다. 한편으로는 아이에게 친구의 집에서 자고 오도록 격려함으로써 아이의 자립심을 키워 주려고 애쓴다. 그러면서도 다른 한편으로는 아이가 있는 집에 전화를 함으로써 아이의 자립심을 흔들어 놓는 것이다.

아이의 자립심이 발달할 수 있도록 도와준다는 것은 아이로부터 거리를 유지하고 아이를 지켜본다는 것을 의미하기도 한다. 유감스럽게도 일상생활 속에서 부모의 이중적 태도는 알아차리기가 어렵다.

아이의 가정 교육도 문제

이 문제와 관련하여 최근 무척 활발하게 학문적 연구가 이루어지고 있다. 그 결과 불안 증세를 나타내는 아동과 청소년의 경우 특히 자주 발견되는 자녀교육 유형에는 두 가지가 있다.

| 과잉보호 | 아이를 키운다는 것은 아이가 순조롭게 일상생활을 할 수 있도록 신경 쓴다는 것을 가리킨다. 아이가 성장할수록 아이 스스로 하는 일이 많아지며 혼자서 결정을 내리는 경우도 늘어난다. 그에 따라 부모의 도움이 더 이상 필요하지 않은 일들이 있는가 하면 여전히 부모가 개입해야 할 일들이 있다. 예를 들어 여덟 살 난 아이가 은행계좌를 개설하는 것은 어른의 도움 없이는 불가능할 것이다.

어디까지 도와주어야 할 것인가를 정하기가 특히 어려운 경우는 아이가 이미 상당 부분 독자적으로 행동하면서도 아직 전적으로 책임질 수는 없는 상황이다. 이런 경우 어느 정도까지 아이를 지켜보기만 할 것인가 그리고 어느 선에서 적당한 도움을 베풀어야 하는가를 결정하는 것은 그야말로 현명한 판단이 요구되는 과제다.

과잉보호를 하는 부모는 자녀를 지나치게 챙겨주는 경향이 있다. 그들은 힘닿는 대로 아이를 도와주며 종종 아이를 위해 모든 것을 책임지려고 한다. 많은 경우에 그들이 아이를 위해 떠맡는 것들은 지극히 사소한 것들로서 거의 눈에 띄지 않는다. 너무나 당연한 것이 되어 버렸기 때문이다.

예를 들면 톰은 여섯 살인데도 신발 끈을 혼자서 매지 못한다. 항상 엄마가 해 주었기 때문이다. 열 살짜리 여자아이 알리나의 엄마는 아침마다 딸이 입고 갈 옷을 골라준다. 여덟 살인 레아는 학교가 겨우 300미터 거리에 있는데도 매일 아침 엄마가 데려다 준다. 율레는 열한 살인데도 이제껏 밤에 혼자 있었던 적은 더 말할 나위도 없고 오후에도 집에 혼자 있었던 적이 없었다.

당연히 톰은 자기 신발의 끈을 맬 수 있고 알리나 역시 자기가 입고 갈 옷을 직접 고를 수 있다. 둘 다 그 정도는 충분히 하고도 남을 만큼 나이가 들었다. 레아나 율레의 경우도 마찬가지다. 둘 다 혼자서 할 수 있는 일이 지금보다 훨씬 많을 텐데도 그렇게 하지 못한다.

과잉보호를 받는 아이들은 무엇보다 먼저 '이건 나 혼자서는 못하는구나!' 하는 생각을 갖게 된다. 아이가 처음 혼자서 미끄럼틀을 타고 내려오는 것을 본 엄마가 걱정 때문에 잔뜩 찡그린 얼굴로 "그러다 다치면 어떻게 하니?" 하고 말하면 그 말을 듣는 아이는 아마도 '엄마는 내가 혼자 미끄럼틀을 탈 수 없다고 생각하시나 보다. 어쩌면 나는 아직 할 수 없는지도 몰라.' 하고 생각하게 될 것이다.

그와 달리 엄마가 "벌써 혼자서 미끄럼을 타다니, 대단한데. 옆에 부딪치지도 않고 조심해서 잘 타네!" 하고 칭찬한다면 어떨까? 엄마의 그런 태도를 통해 아이는 부모가 자기 능력을 신뢰하고 있다는 결론에 이르게 된다. 아이의 자신감을 키워 주는 것은 바로 이렇게 아주 작은 일상적인 활동 영역에서 부모가 아이에게 보이는 믿음이다.

자립적인 아이들은 자기 자신만의 성취를 더 많이 경험한다. 왜냐 하면 아이의 입장에서는 아무리 작은 모험이라도 자기 혼자 힘으로 해낸다면 그건 다른 누구도 아닌 자기 자신만의 성취이기 때문이다. 그리고 무언가를 혼자 힘으로 해내는 이 작은 경험들이 결국 '커다란' 가치가 있는 것이다.

| 요구가 많고 비판적인 태도 | 자녀의 실수 또는 결점에 유난히 신경을 쓰는 부모는 흔히 자녀에 대하여 요구가 많고 비판적이다.

타베아가 수학에서 '우'를 받자 아빠는 왜 '수'를 못 받았느냐고 묻는다. 필립의 엄마가 시험지에 적힌 점수를 보자마자 던진 질문은 "다른 애들은 점수가 어떻다니?"였다. 카이가 축구 연습을 하는 것을 아빠가 보고 간 날이면 카이는 저녁 내내 아빠한테서 어디가 부족한지 지적하는 소리를 들어야 한다.

여기에 속하는 부모는 아이가 이미 잘 하고 있는 것에는 거의 관심이 없다. 주로 아이가 아직 잘 하지 못하는 것에만 관심을 가진다. 물론 그 뒤에는 대개 아이가 더 나아지기를 바라는 마음, 그렇게 되도록 돕겠다는 의지가 숨어 있다. 아이의 장래에 대한 근심도 한몫을 하는 경우 또한 드물지 않다.

펠릭스의 부모는 아이의 집중력이 떨어지는 문제에 어떻게 대처해야 할지 속수무책이다. 펠릭스는 숙제를 할 때 의자에 잠시도 가만히 앉아 있지 못한다. 그래서 숙제를 끝내게 하려면 항상 아이 옆에 붙어 앉아 있어야 한다. 숙제 하는 데 세 시간 넘게 걸리는 날도 부지기수다. 다른 아이들은 방과 후에 모이기로 할 때 펠릭스를 끼워 주지 않는다. 약속 장소에 항상 너무 늦게 나오기 때문이다.

우리가 펠릭스의 집을 방문해서 아이가 숙제를 마칠 때까지의 상황을 지켜보는 동안 우리는 마치 전쟁터에 있는 것 같았다. 펠릭스가 책상에 앉아 있는 동안 펠릭스의 엄마는 행성 주위를 도는 위성처럼 아들 주변을 맴돌았다. 그러고는 가끔 펠릭스의 어깨 너머로 아이가 그때까지 한 것을 확인했다. 엄마가 보기에는 부족한 것이 한두 가지가 아니었던지 끊임없는 잔소리가 이어진다. 좀 더 반듯하게 쓸 수 없느냐, 한 번 더 계산을 해 보아라,

다른 색깔로 칠하고 전부 다시 깨끗하게 정리를 해라 등등… 한 시간이 지나자 펠릭스는 숙제를 공책에 아무렇게나 끼적거리기 시작한다. 숙제를 할 의욕이 완전히 사라진 것이다.

우리는 펠릭스의 엄마에게 숙제가 꼭 완벽해야 하는 것은 아니니 아이가 숙제를 하는 동안 혼자 두라고 설득했다. 그녀에게는 우리 충고를 받아들이는 것이 무척 어려운 모양이었다. 그녀는 자기 아들이 나중에 성공하기를 간절히 바라고 있었기 때문이다. 그래도 그녀는 우리 제안을 받아들였다. 그러자 실제로 펠릭스가 숙제 하는 데 걸리는 시간은 반으로 줄었다. 물론 글씨가 예전처럼 반듯하지는 않고 전부 맞게 쓴 것은 아닐지라도 이제 펠릭스에게는 친구들과 어울릴 시간이 생긴 것이다. 펠릭스는 훨씬 명랑해졌고 그 덕분인지 학교 성적도 향상되었다.

아이의 성적 혹은 성취에 무척 관심이 많고 비판적인 부모의 자녀 가운데 일부는 완벽주의적인 성향을 갖게 된다. 그 아이들은 실수를 곧 비극이라고 생각하며 가능한 한 실수를 피하려고 한다.

겨우 3학년인 니코는 숙제를 하는 데 한 시간 반이나 걸린다. 숙제 하는 동안 자세를 흐트리지 않으며 잘못 쓰지 않으려고 아주 조심한다. 그리고 잘못 썼을 경우에는 처음부터 아예 다시 쓴다.

니코가 우리 훈련에 참가했을 때 그 아이는 칭찬에 대하여 매우 조심스럽게 반응했다. 다른 아이들은 칭찬을 받으면 눈에 띄게 기뻐했는데 니코는 오히려 약간 거부하는 듯한 태도를 보였다. 이 또한 부모로부터 인정받은 경험이 거의 없이 항상 잘 하기만을 요구받아 온 아이들이 보이는 전형적인 태도이다. 이런 아이들은 칭찬을 받을 때 그 뒤에 따라오는 '하지만…'을 예상하고 있기 때문에 다른 아이들처럼 칭찬을 기쁘게 받아들이지 못한다.

니코의 경우 그 아이가 다른 아이들처럼 칭찬에 기뻐하기까지는 3주일이 걸렸다. 요구가 많고 비판적인 부모 밑에서 성장한 아이는 칭찬을 통해 애정과 지지와 적극적인 지원을 받은 경험이 거의 없기 때문에 학교 성적이 좋을 때에나 겨우 자신이 가치 있다는 느낌을 그나마 조금 갖게 될 것이다.

과잉보호를 하는 부모 밑에서 크는 아이들이 자기 혼자 힘으로 할 수 있는 일이 무엇인지 알게 될 기회가 없는 반면에 비판적인 부모 밑에서 자라는 아이들은 자기가 못 하는 것이 무엇인지 귀가 닳도록 들어야 한다. 양쪽 모두 아이의 자신감을 약화시키고 그 결과 그런 두 가지 유형의 자녀 교육을 경험한 아이들은 쉽게 두려움을 탄다.

갈수록 커지는 성적에 대한 부담으로…

학교는 아이들에게 가정이나 친구 못지않게 큰 비중을 차지하는 생활 영역이다. 하루 중 많은 시간을 학교에서 보내기 때문이다.

따라서 학교가 그리고 무엇보다도 학교 성적이 아이들에게 중요한 것은 당연한 일이다. 최근 몇 년 사이에 성적에 대한 부담은 계속 증가해 왔다. 많은 부모들이 자녀가 대학 가는 데 좋은 학교에 진학하기를 원하면서 성적은 학교생활에서 가장 중요한 요소로 자리 잡았다.

그뿐만 아니라 학교 자체가 예전보다 심한 압박을 받고 있다. 특히 PISA(2000년 이후 3년마다 실시되고 있는 학업성취도 국제 비교로 수학과 과학 부문의 응용력과 독해력에 대하여 평가함 : 옮긴이)와 같은 국가 간 학업성취도 비교를 계기로 학교에 대한 요구도 점점 늘어나고 있다. 이렇게 부모와 학교로부터 받는 기대가 높아짐에 따라 힘들어하는 학생의 수가 무척 많은 실정이다.

안나(14세)의 엄마는 의사고 아빠는 변호사다. 엄마와 아빠 모두 안나에게거는 기대가 크다. 안나의 부모는 안나가 나중에 엄마의 병원이나 아빠의 변호사 사무실 중 하나를 물려받기를 원한다. 둘 중 어떤 것을 물려받게 될지는 세 살 위인 오빠가 무얼 선택하느냐에 따라 달라진다. 안나는 늘 오빠좀 본받으라는 말을 듣는다. 안나의 오빠는 이제까지 우등생 대열에서 벗어난 적이 없다. 열심히 하고 어느 정도 운이 따라 준다면 김나지움을 1등으로 졸업하고 장학금을 받아 대학 공부를 시작할 것이다.

안나는 사실 오빠와는 달리 성적이 평균에 오히려 가깝다. '우'나 '미'가 대부분인데, 그것도 열심히 '파고들어야' 그 성적을 유지하는 정도다. 안나의 부모는 안나가 더 열심히 하게끔 자극하려는 의도에서 안나를 오빠와 비교한다. 아빠는 농담처럼 "안나야, 더 열심히 안 하면 오빠가 엄마 병원도 물려받고 아빠 사무실도 물려받겠다. 그럼 네 차지는 없겠는데." 하고 말한다. 아빠는 농담으로 한 말에 안나는 큰 상처를 받는다.

안나네 집에서는 평균 정도의 성적은 용납될 수 없다. 안나가 수학을 어려워하는 것은 열심히 안 해서 그리고 의욕이 부족해서 그런 것으로 간주된다. 그래서 저녁에는 아빠가 그리고 주말에는 엄마가 안나의 수학 공부를 봐 준다. 그런데 학교 수학 선생님이 병으로 그만두게 되자 상황은 악화되고 만다. 새로 온 수학 선생님은 이전 선생님보다 엄하고 수업도 어려워져서 안나가 수학시험에서 '양'을 받는 일이 종종 생기게 된 것이다.

이제 집에서는 안나의 학교 성적이 제일 중요한 화제다. 마침내 안나가 부모 모르게 학교 수업을 빼먹기 시작하더니 그 횟수가 점점 늘어난다. 기회만 있으면 수학 수업을 빠지는 것이다. 시험 점수가 나쁘게 나올지도 모른다는 두려움 때문에 안나는 점점 자신감을 잃어간다. 학교에서는 결국 교육심리학자와의 면담을 주선한다.

우리가 안나와 부모를 상담하러 갔을 때 사태는 이미 상당히 악화되어 있었다. 안나의 부모는 그들이 안나에게 성적에 대한 부담을 준 것이 안나가 수업을 빼먹게 된 주요 원인 중 하나라는 사실을 쉽게 인정하려 들지 않았다. 그리고 안나가 '지극히' 평범한 수준의 학생이라는 것 또한 그들에게는 인정하기 힘든 사실이었다. 그들은 어떤 조언에도 귀를 기울일 마음이 없었다. 결국 안나의 부모는 안나를 기숙학교에 보내기로 결정한다. 혹시라도 안나가 수업을 빼먹을 경우 통제를 더 잘 할 수 있는 곳에 보내기로 한 것이다.

안나는 엄마의 병원도 아빠의 변호사 사무실도 물려받지 못했다. 그리고 그것은 그토록 칭찬받았던 오빠도 마찬가지다. 안나의 오빠는 교사가 되기로 결정했으며 안나는 간호사 직업을 택할 생각이다.

성적에 대한 부담은 학습 장애가 있는 어린이나 청소년에게는 특히 고통스럽다. 여기서 학습 장애라 함은 읽기 장애나 쓰기 장애 그리고 계산 장애 혹은 주의력 결핍 장애 등을 가리킨다. 아이에게 학습 장애가 있는데도 불구하고 그것을 눈치채지 못한 채 정상적인 아이와 똑같이 취급할 경우 아이는 성적에 대한 과도한 부담뿐만 아니라 자신의 무능력이라는 이중의 고통에 직면한다. 그런 아이는 늘 다른 사람의 기대를 저버리는 것처럼 보인다.

아이가 쓰기를 배우는 데 혹은 주의를 기울이는 데 큰 어려움이 있다는 것을 이해해 주지 못하면 아이는 어쩔 수 없이 모든 종류의 성적 평가에 대한 두려움을 갖게 되며 이는 결국 학교공포증으로 이어진다. 이러한 현상은 자기의 능력에 비해 턱없이 높은 기대를 만족시켜야만 하는 처지에 놓인 아이들에게서도 찾아볼 수 있다.

실업계 고등학교에 진학했더라면 더 좋았을 아이가 일주일에 몇 시간씩 과외지도를 받은 결과 가까스로 인문계 고등학교에 진학하게 된 경우가 그런 예에 속한다. 그렇게 인문계 고등학교에 간 아이는 끝없는 긴장과 과중한 학습량 때문에 지속적인 스트레스를 받게 되며 이는 결국 학교공포증을 유발하게 될 가능성이 무척 높다.

페트라는 열성이 대단한 엄마 때문에 초등학교 시절 내내 공부를 무척 열심히 했다. 엄마는 매일 페트라와 함께 그날 배운 것을 복습했다. 숙제 하는 것을 거들기도 하고 학교에서 배운 것 가운데 페트라가 이해하지 못한 것을 설명해 주었으며 시간 나는 대로 문제도 풀게 했다. 담임선생님은 페트라의 열의에 무척 감동을 받아 페트라에게 김나지움 추천장을 써 주었다.

그런데 김나지움 진학과 더불어 모든 것이 달라진다. 교과 내용의 범위는 넓어지고 진도는 빨라진다. 엄마가 매일 오후 따로 봐주는 공부만으로는 수업 내용을 도저히 다 따라갈 수 없게 된 것이다. 페트라가 이해하지 못한 채 넘어가는 부분은 점점 더 많아진다.

학교로 인한 스트레스가 더 이상 감당할 수 없을 만큼 커지자 페트라는 결국 신체적 고통을 호소하기 시작한다. 중요한 시험을 앞두고 있을 때면 갑자기 배가 아프기 시작하고 심할 때에는 위경련으로 진행되어 토하기까지 하는 경우도 생긴다. 밤이면 종종 악몽을 꾸고 숙면을 취하기 어려우며 엄마한테 아무것도 하기 싫다고 불평한다. 여름방학이 시작되자 이 모든 증상이 사라진다. 그러다가 개학 직전 그 증상들은 전보다 더 심하게 나타난다. 페트라의 엄마가 가정의의 추천에 따라 방문한 아동·청소년 심리학자는 페트라가 학교공포증을 앓고 있다는 진단을 내린다.

비단 페트라만이 아니라 수많은 아이들이 좋은 성적에 대한 기대 때문에 스트레스에 시달리고 있다. 부모가 무의식적으로 자기 자신의 희망이나 기대를 자녀에게 떠안길 때 이는 경우에 따라서 아이를 심한 부담감에 짓눌리게 만들 수 있다. 부모의 희망이나 기대에 거부하는 태도를 보이는 아이는 많지 않으며 대부분의 아이들은 부모가 원하는 것을 어떻게든 충족시키려 애쓰기 때문이다. 따라서 아이를 돕기 위해서는 부모가 달라져야 한다. 부모 자신이 원하는 것을 결코 내세워서는 안 되며 아이가 실망시키더라도 담담하게 받아들이고 아이에게 힘이 되어 주어야 한다.

집단 괴롭힘과 학교 폭력

클라우디아(13세)는 교문 앞에서 학교 선배 남학생들에게 자기가 바쳐야 할 '할당량'을 바친다. 그 남학생들은 클라우디아의 점심 도시락을 원하는 게 아니다. 처음에는 과자나 초콜릿 등이었는데 나중에는 현금을 원했다. 거부하겠다는 생각은 감히 할 수가 없다. 그렇게 했다가 맞은 적이 있어서 무슨 일이 벌어질지 잘 알고 있기 때문이다.

데니스는 한 달째 자기 반의 왕따다. 데니스네 반 아이들은 거의 모두 한 번씩은 차례가 된다. 그 반의 힘 있는 패거리가 반 아이들을 번갈아가며 괴롭히기 때문이다. 아이들은 그저 자기 차례가 되지 않기만을 바랄 뿐이다. 누가 당하든지 그 반 아이들에게는 입 꾹 다물고 모르는 척하거나 아니면 그 패거리의 행동에 장단을 맞추어 주는 수밖에 없다. 데니스에게는 요즘 학교 가는 게 지옥이다.

집단 괴롭힘을 당하거나 학교 폭력의 희생자가 되고 있는 아이들은 커다란 압박을 받고 있다. 그런 아이들로서는 학교라는 공간 자체를 떠날 수는 없기 때문에 자신이 받는 괴로움을 피하기 위한 방법으로 종종 병에 걸리거나 수업을 빼먹는 것밖에는 다른 도리가 없다.

이런 처지에 놓인 아이들은 안타깝게도 자기가 학교에서 당하는 일을 털어놓지 않는다. 자기가 당하는 일을 털어놓는다는 것 자체가 아이들에게는 창피하다. 부모의 개입이 상황을 오히려 더 악화시킬지도 모른다고 걱정하는 아이들도 가끔 있다. 특히 협박을 받는 아이들의 경우 부모가 알게 되면 보복이 있을까 두려워한다.

데니스의 부모가 아들의 문제를 알게 되자 그들은 즉시 담임선생님에게 전화를 걸려고 했다. 그러나 데니스는 담임선생님이 사실을 알게 되는 것이 최악의 사태라고 생각했다. 담임선생님에게 알려졌을 경우 반 아이들이 모두 모여 있는 자리에서 그 문제가 공개적으로 논의될 텐데 그러면 자기가 당한 일들이 고스란히 드러날까 봐 두려운 것이다. 이런 두려움은 충분히 이해할 수 있다. 하지만 그렇다고 해도 아이와 잘 의논하여 담임선생님이나 학교 상담교사에게 사실을 털어놓고 도움을 구하는 것이 좋다. 무엇보다도 학교 선생님이 실제로 반에 어떤 변화를 가져올 수 있는 경우가 종종 있다. 그리고 교육심리학자와의 면담도 고려할 필요가 있다. 그런 문제에 어떻게 대처하는 것이 좋을지 보다 전문적인 조언을 받을 수 있기 때문이다.

학교에 알려졌다고 해서 문제가 끝난 것은 아니므로 집에서도 계속 아이에게 용기를 북돋워 주어야 한다. 학교에서 집단 괴롭힘을 당하는 아이들은 대부분 자신감이 적으며 쉽게 두려움을 탄다. 따라서 아이에게 취미 활동을 적극적으로 권장하여 가까운 친구 관계를 형성할 수 있도록 하는 것이 좋다. 친하게 지내는 친구들이 있으면 학교에서 집단 괴롭힘의 표적이 될 가능성이 줄어들고 더 잘 보호받을 수 있다.

경우에 따라서는 '사회성 강화 훈련'에 참가하는 것도 효과적이다. 집단 괴롭힘을 당하는 아이들 대다수가 다른 아이들과 어울리는 데 문제가 있는 아이들이다. 바로 이 점이 그들을 괴롭히는 아이들의 특별한 관심을 끌게 되는 것이다.

도미니크는 같은 반 아이들에게 말수가 적고 수줍음이 많은 아이로 비친다. 선생님 질문을 받으면 기어들어가는 목소리로 조그맣게 대답하며 학교 통학버스 안에서는 맨 구석자리에 앉는다.

바네사는 완전히 그와 반대다. 앞에 나서는 것을 좋아하고 사람들의 시선이 집중되는 것을 즐긴다. 그런데 아이들이 모두 주목하는 가운데 바네사는 남학생 패거리로부터 개인적으로 심한 모욕을 받는다.

도미니크나 바네사와 같은 아이들은 사람들 앞에서의 행동이나 말투를 연습해 보고 누군가와 의논해 보는 것이 도움이 될 수 있다. 이 경우 교육 상담시설을 찾거나 아동·청소년 심리학자를 통해 필요한 도움을 제공받을 수 있다.

끔찍한 선생님

M 선생님은 학생들이 가장 무서워하는 선생님이다. 특히 그의 조롱 섞인 비판은 그가 수업하는 모든 반에서 악명이 자자하다. 역사를 가르치는 그 선생님은 수업이 시작되면 한 학생을 지목해서 지난 시간에 배운 내용을 반복하라고 한 다음 그 학생이 잘 모르는 부분이 나올 때까지 집요하게 질문을 퍼붓는다.

파트릭(16세)에게는 그 수업 시간에 대한 부담이 너무 컸다. 선생님이 그에게 지난 시간 수업 내용을 발표하라고 했을 때 그의 머릿속에는 아무것도 떠오르지 않았다. 선생님은 비아냥거리는 어조로 파트릭에게 말했다. "하긴 네 머릿속에 축구 말고 다른 게 들어갈 자리가 있을 턱이 없지. 네가 흘끔흘끔 곁눈질하는 여기 율리아라면 또 모를까!" 반 전체가 웃음을 터뜨리자 파트릭에게는 이제 그 선생님이 공포의 선생님으로 뇌리에 굳게 인식된다.

여타 직업과 마찬가지로 교사의 경우에도 개개인의 능력은 천차만별이다. 바꾸어 말해서 뛰어나게 좋은 교사가 몇몇 있는가 하면 유난히 나쁜 교사가 몇몇 있고 나머지 대다수는 평범한 교사이다. 모든 아이들은 학교에 다니는 동안에 이 세 집단에 속하는 교사들을 골고루 겪게 마련이고 분명히 그 가운데에는 좋은 교사도 상당수 들어 있을 것이다.

하지만 단 한 명의 교사가 아이의 학교생활에 결정적인 영향을 미치게 되는 일도 많다. 파트릭의 경우 그 이전까지는 즐거웠던 학교가 한 명의 교사 때문에 이제는 완전히 기피 대상이 되고 말았다.

자기 자녀가 특정한 교사 때문에 학교생활을 힘들어한다는 인상을 받은 부모는 무엇보다도 먼저 다른 아이들의 부모와 연락을 취해 그 아이들도 비슷한 어려움을 겪고 있는지 확인할 필요가 있다. 아이가 교사와의 사이에 문제를 겪고 있다는 것을 확인한다고 해도 부모로서 개입해야 할 것인가 그리고 개입한다면 어느 정도까지 해야 할 것인가를 정하는 것은 어려운 선택이다. 어떤 선택을 할 것인가는 무엇보다도 교사의 행동이 아이에게 얼마나 큰 영향을 미치고 있는지에 따라 달라진다.

문제가 그다지 심각하지 않은 경우는 아이가 위축되지 않도록 가정에서 충분히 격려하고 도움이 필요하면 항상 도울 수 있다는 것을 아이에게 인식시키는 정도가 바람직하다. 그리고 때로는 그 교사를 자연스럽게 만나는 기회를 좀 더 많이 가지는 것도 도움이 된다.

예를 들면 학부모 면담이 있는 날 학교에 가서 아이와 문제가 있는 교사를 찾아가는 것도 효과적인 방법이다. 교사와 만나게 되면 감정을 섞지 말고 아이가 수업 시간에 어떤지 정도만 간단하게 문의하는 것이 좋다. 미국에서 행해진 연구 결과에 따르면 교사가 부모에 대하여 긍정적인 평가를 내리면 자기도 모르게 그 부모의 자녀에게도 긍정적인 견해를 갖게 된다고 한다.

아이가 교사와의 관계를 계속 힘들어 한다면 교사와의 대화 기회를 만들어야 한다. 아이가 교사와 단독으로 대면할 각오가 되어 있고 또 그렇게 할 수 있을 만큼 나이가 들었다면 아이 혼자 교사와 만나는 것도 괜찮다. 하지만 더 나은 방법은 부모가 다른 사람들이 모르게 교사를 만나 솔직하게 아이 문제를 의논하는 것이다. 그렇게 하면 교사가 다른 사람들에게 알려져서 체면을 잃는 일이 없기 때문에 자기 행동에 대한 비판에 크게 상처받지 않고도 잘 대처할 수 있다. 그리고 무엇보다도 교사 자신은 자기가 별 생각 없이 한 말이 듣는 입장에서는 어떻게 받아들여지는지를 모르고 있는 경우가 의외로 무척 많다.

한 반에서 여러 명의 아이들이 특정 교사 때문에 학교생활이 괴롭다고 느낀다면 일단 담임선생님과 그 문제에 대해 의논할 필요가 있다. 하지만 많은 경우 그런 종류의 대화가 순조롭게 진행되기를 기대하기는 어렵다. 상황이 달라질 가능성이 없고 아이의 두려움은 오히려 점차 심해진다면 전학을 고려해야 한다. 같은 학교에서 반만 옮기는 것은 별다른 변화를 가져오지 않는 경우가 많다.

아이가 교사의 태도 때문에 괴로워하거나 학교에서 시달리는 일은 유감스럽게도 빈번하게 발생한다. 이런 상황에서 부모는 대부분의 경우 아이의 문제가 해결될 수 있도록 돕기가 정말 어렵다. 학교 교장이나 교감 혹은 관할 교육청은 교사와 학생 사이에 문제가 있을 때 무척 신중하고 소극적인 태도를 보인다. 분쟁을 야기할 소지가 있는 상황을 가능한 한 피하려 하기 때문에 그들의 개입에는 한계가 있다. 학교 측이나 관할 교육청으로부터 도움을 기대하기 어렵다면 사태의 심각성을 보여주기 위한 방법으로 변호사에게 사건을 의뢰하는 것을 고려해 볼 만하다. 그러나 이런 종류의 문제에서 법적인 대응이 실제로 효과를 거둘 가능성은 그다지 크지 않다.

: : 특정 식품이나 약물의 부작용

질병에 따라 의약품 복용이 불가피한 경우가 있다. 아이가 정기적으로 약을 먹어야 한다면 약품의 포장용기에 들어 있는 설명서의 내용을 정확하게 알고 있어야 한다. 약품 가운데에는 부작용으로 불안 증상을 수반하는 경우가 많이 있다. 심지어는 불안감을 완화시키기 위하여 의사가 처방한 약이 오히려 가끔 불안 증상이 심하게 나타나게 하는 부작용을 일으키기도 한다. 그 밖에도 질병의 영향으로 불안감이 강해지는 일도 있다.

예를 들어 갑상선 기능 항진증은 전반적으로 흥분 증세와 긴장감을 높여 갑작스러운 패닉 상태를 가져올 수 있다. 또한 카페인의 강한 흥분 작용은 중추신경계의 활동을 활성화시킨다. 이는 긴장감과 심리적 동요를 가져오고 그 결과 불안감이 심해지기도 한다. 오늘날 우리가 일상적으로 섭취하는 많은 것들에는 카페인이 함유되어 있다. 콜라나 아이스티 등은 많은 양의 카페인이 들어 있으며 심지어는 초콜릿 안에도 카페인이 들어 있다. 불안감이 심한 아이에게는 카페인이 많이 들어 있는 물질의 섭취량을 제한하는 것만으로도 불안감이 다소 줄어드는 효과를 볼 수 있다.

불안감과 두려움이 하루아침에 사라지는 것은 아니다. 불안감과 두려움을 없애려면 참을성과 유머가 필요하며 아이에게 모범을 보이고 애정을 베풀어야 한다.

아이의 불안감과 두려움을 덜어주기 위하어 우리가 앞으로 제시하는 여러 가지 방법들은 마치 거미줄과 같다. 거미줄 한 자락은 기껏해야 작은 거미 한 마리만을 지탱할 수 있을 뿐이며 그 이상은 안 된다. 하지만 거미줄들이 모여서 거미집을 만들면 참으로 놀랄 만큼 커다란 것도 가능하다.

: : 모범을 보이고 애정을 베푼다

아이는 어른의 자신감 있고 확실한 태도를 보고 배우는 것과 마찬가지로 어른의 불안해하는 태도 또한 무의식중에 따른다. 불안해하는 태도를 보이는 부모가 아이에게 행위 모델로 작용하는 것이다. 자신의 어떤 태도를 자녀가 본받는지 관찰하고 바람직하지 않은 것은 배우지 않도록 하려면 무엇보다도 부모 자신이 자기의 두려움에 대하여 정확하게 판단할 필요가 있다.

나는 무엇을 아이에게 물려주고 싶은가?

✤ 종이를 한 장 꺼내 그 위에 내가 두려움을 느끼는 상황들을 적는다.
✤ 각각의 상황 다음에 나중에 필기할 수 있도록 여백을 남겨 놓는다.
✤ 각각의 상황에서 느끼는 두려움을 아이가 보고 배우기를 원하는지 표시한다.
✤ 각각의 상황이 닥쳤을 때 아이 앞에서 어떻게 행동하기를 원하는지 기록한다.
✤ 이 종이를 보관하면서 가끔 꺼내 애초의 생각대로 잘 지키고 있는지 확인한다.

무조건적인 사랑을 베푼다

사랑받고 인정받고 받아들여진다는 느낌은 아이에게는 특별한 것이다. 그런 느낌이 들면 아이는 다른 사람이 자기를 어떻게 평가하는지 알아차리기가 더 쉽기 때문에 불필요한 고민에 빠지거나 열등감에 사로잡히는 일이 없다. 사랑받고 인정받는다는 느낌은 아이에게 안정감을 주는 동시에 아이를 내면적으로 강하게 만든다.

이 두 가지는 아이가 자신의 걱정이나 두려움에 맞서기 위해서 특히 중요하다. 따라서 부모는 당연히 아이에 대한 그들의 관심과 사랑을 겉으로 드러내는 것이 좋다. 아이를 껴안아 주고 칭찬해 주며 얼마나 사랑하는지 말해 주는 것은 양치질만큼이나 빼놓아서는 안 될 일과다. 다만 아이에게 애정 표현을 할 때 반드시 지켜야 할 것이 있는데 그것은 거기에 조건을 다는 것이다.

▶ 잘못된 표현

"성적이 좋으니까 (혹은 방을 치워서) 우리는 널 사랑한단다."

▶ 올바른 표현

"지금 잘 못하고 있더라도 너를 사랑한다. 우리는 널 있는 그대로 사랑한단다."

소질을 개발해 준다

누구나 한 가지 이상 특별하게 재능이 있는 분야가 있다. 악기를 즐겨 연주하는 아이들이 있는가 하면 그림을 잘 그리는 아이들이 있고 또 어떤 아이들은 스포츠에 소질이 있다. 재미있으면서도 잘할 수 있는 일을 찾는다는 것은 아이를 기쁘게 할 뿐만 아니라 자신감도 키워 준다. 자기 자신의 긍정적인 측면을 발견하고 그것을 자기 정체성의 한 부분으로 삼기 때문이다. 물론 어디에 소질이 있는지 발견하는 일은 시간이 걸린다. 정말 소질이 있는 분야를 제대로 찾아내기 위해서는 아이가 이것저것 해 볼 수 있도록 해야 한다.

가끔 어떤 집에서는 마치 가훈처럼 "한번 시작한 일은 끝까지 하라!"는 말을 원칙으로 내세운다. 이것은 아직 자기가 어디에 소질이 있는지 찾지 못한 소심한 아이들에게는 너무 부담스러운 말이다. 그런 아이들에게는 어느 정도 변덕(?)을 부릴 수 있는 여지를 남겨두어야 한다. 다양한 분야를 시험해 보는 일은 아이의 성장을 위해서 유익하다. 그렇다고 해서 몇 시간 해 본 다음에 마음에 들지 않으면 바로 그만두어도 좋다는 것이 아니다. 어느 정도 기간을 두고 시험해 본 다음에 그만둘 수도 있는 가능성을 열어놓는다는 뜻이다.

자립심을 키워 준다

우리는 이제까지 아이들과 함께 하면서 매번 아주 어린아이들이 자기 혼자 힘으로 하겠다고 고집을 부리는 것을 보고 놀라곤 한다. 어린아이들에게는 혼자 자전거를 탈 수 있다거나 운동화끈을 매는 일 심지어는 부모와 떨어져 할머니 댁에서 자고 온다는 것이 대단한 자랑거리다.

레오니는 여섯 살 난 여자아이인데 만 세 살이 되면서부터 매년 크리스마스에 삼촌과 둘이서 기차를 타고 할머니 댁에 간다. 레오니의 부모는 두 사람이 출발하고 하루 지나서 그곳으로 온다.

레오니는 기차 여행 2주 전부터 유치원에서 모든 사람들에게 자랑을 한다. 삼촌과 둘만의 여행이 시작되면 처음에는 수줍어하며 삼촌을 쳐다보지만 조금 지나면 활발해진다. 처음에 느꼈던 불안에서 벗어난 것이다. 레오니에게 이 여행은 중요한 경험이다. 엄마 아빠 없이도 작은 모험을 잘 해낼 수 있다는 것을 배우기 때문이다. 여행이 끝나면 레오니는 모든 사람들에게 자기가 혼자서 얼마나 여행을 잘 했는지 자랑하기 바쁘다.

아이가 자립적으로 행동하려는 태도를 보이면 부모는 무언가 복잡한 기분을 맛본다. 한편으로는 아이가 바람직한 모습으로 성장하고 용감해지는 것이 자랑스러우면서도 다른 한편으로는 이제 더 이상 품 안의 자식이 아니라는 사실 때문에 서운하다.

아이의 자신감을 키워 주려면…

❖ 아이가 재미있어 하는 취미 활동을 선택할 때 돕는다.

❖ 아이의 취미 활동에 대하여 특별한 기대를 갖는 것은 금물이다. 취미나 여가 활동은 재미로 하는 것임을 명심한다.

❖ 아이가 진전을 보이면 함께 기뻐해 준다. 소심한 아이들은 종종 무척 예민하다. 그래서 부모를 실망시키지는 않는지 걱정하고 자기의 성과에 부모가 정말로 기뻐하는지 확인하기 위해 무척 신경을 쓴다.

우리는 매년 두 차례 일주간의 훈련을 위해서 아이들을 데리고 쥘트로 떠난다. 여행을 떠나는 아이들은 다들 흥분해서 어쩔 줄 모른다. 기차가 출발하기 전 아이들이 전부 제자리에 앉기까지 기차역은 아이들의 시끄러운 수다로 정신이 없다.

기차가 서서히 출발하자 몇몇 아이들은 배웅 나온 부모를 향해 손을 흔들고 나머지 아이들은 옆자리 아이와 수집한 카드를 바꾸어 보거나 가방을 뒤져 무엇이 들었나 살펴보느라 여념이 없다. 잠시 동안의 작별이 슬퍼서 눈물을 흘리는 사람은 기차 안의 아이들이 아니라 기차역에 남겨진 부모들이다.

자립심의 결여는 흔히 자기 자신을 낮게 평가하는 데서 비롯된다. 매사에 자신이 없고 불안해하는 많은 아이들이 바로 여기에 해당한다. 그런 아이들은 자기가 처한 상황에서 어찌할 바를 모르는 경우가 종종 있다. 그럴 경우 그들은 자신의 능력은 과소평가하는 반면 그 상황에서 요구되는 것은 과대평가하는 경향이 있다.

야니크는 숙제를 하려고 책상 앞에 앉은 지 5분이 지나기도 전에 "엄마, 나 이것 도저히 못 하겠어요!" 한다. 이런 일은 하루 이틀이 아니라 매일 반복된다. 엄마는 기꺼이 도와준다. 사실 아들이 숙제를 제대로 하지 못한 채 다음날 학교에 가기를 바라는 엄마는 없을 것이다. 그래서 야니크의 엄마는 한 시간가량 야니크 옆에 앉아 숙제 하는 것을 도와준다. 그리고 바로 이 시점에서 종종 악순환이 시작된다. 왜냐하면 도움을 청했을 때 즉시 도움을 받은 경험이 야니크의 태도에 영향을 미쳤기 때문이다.

다음날 야니크는 숙제를 하려고 책상 앞에 앉더니 또다시 혼자서는 숙제를 할 수 없다고 말한다. 숙제를 하다가 조금이라도 막힐 때에는 엄마한테 도와 달라고 하면 된다는 것을 배운 것이다. 숙제 문제에 관한 한 이제 야니크는 점점 더 혼자 할 수 있는 것이 적어지고 빨리 포기하며 엄마에게 더 많이 의존하게 된다.

그렇다면 아이가 도움을 필요로 할 때 돕는 것은 잘못된 행동일까? 전혀 그렇지 않다. 아이들에게는 어른의 도움 없이 혼자서는 해낼 수 없는 상황이 닥쳤을 때 도움을 받을 수 있으리라는 느낌이 필요하다. 다만 너무 일찍 개입해서 아이 혼자서도 충분히 할 수 있는 일까지 해 주는 것이 잘못이다.

자립적인 아이는 그렇지 않은 아이보다 훨씬 더 많은 것에 자신감을 가진다. 자립적인 아이는 어려운 상황을 어떻게 해결할 것인지 배웠기 때문에 위험부담이 있는 일도 감행한다.

혼자 힘으로 문제를 잘 해결했던 경험이 여러 차례 반복될수록 아이는 자립심을 갖게 된다. 자기 자신의 능력에 대한 믿음은 하루아침에 생기는 것이 아니라 작은 일들에서부터 서서히 쌓여나가는 것이다.

| 작은 일부터 시작한다 | 아이의 자립심을 키워 주는 것은 작은 일부터 시작하는 것을 의미한다. 어린아이들이라면 혼자서 옷을 골라 입게 하거나 학교 가방을 챙기게 하는 것을 그 예로 들 수 있으며 간단한 집안일을 맡아서 하게 하는 것도 좋다. 아이가 도저히 혼자 힘으로 할 수 없을 때에만 도움을 주어야 한다. 그리고 특히 어린아이들의 경우 자립적으로 행동할 수 있는 여건을 미리 조성해 놓는 것이 바람직하다.

1학년 여자아이인 프란치스카는 학교에 갈 때면 무얼 입어야 할지 항상 고민이다. 이상하게 옷을 입고 갔다가 놀림감이 될까 봐 걱정을 하는 것이다. 그래서 옷을 계속 바꾸어 입고 엄마한테 와서는 그 정도면 '괜찮은지' 묻는다. 프란치스카의 엄마는 아이의 고민을 풀어주기 위하여 아이의 옷장에 바지와 스웨터를 각각 세 벌씩만 남겨두기로 했다. 선택의 가짓수가 너무 많아 아이가 결정하는 데 겪을 어려움을 원천봉쇄한 셈이다. 옷장 안에 있는 옷들은 계절에 맞는 것들로 어떻게 고르든 서로 잘 어울릴 수 있는 것들이다. 그뿐만 아니라 아이에게 아침에 시간에 쫓기지 않도록 그 전날 저녁에 다음날 입을 옷을 미리 골라 놓게 한다.

그리고 다른 일들에서도 아이의 판단력을 존중해 준다. 예를 들어 아이에게 "프란치스카야, 너 감각이 좋으니까 좀 골라 줄래? 오늘 엄마가 학부형 모임에 이 까만 목걸이를 하는 게 좋겠니, 아니면 초록색 목걸이가 나을까?” 하고 묻는다. 아이가 결정을 내리면 잘 골랐다고 칭찬해 줌으로써 아이의 자신감을 북돋워 준다.

아이 스스로 알아서 하라고 맡겨두는 일은 참을성을 필요로 하는 경우가 많다. 프란치스카의 엄마가 아이에게 그날 입고 갈 스웨터를 골라 주고 신발장에서 신발을 꺼내 준다면, 간단히 말해 아이 대신 결정을 내려 준다면 당연히 시간은 훨씬 덜 걸린다. 그러나 그렇게 한다면 아이 혼자서도 충분히 해결할 수 있을 것을 대신 해 주는 것이 된다.

| 할 일을 맡긴다 | 조금 큰 아이에게는 집안일을 나누어 맡도록 하는 것이 좋다. 식탁에 식사를 차린다거나 식탁을 치우는 일 또는 자기 방 침대보를 가는 일, 양이 많지 않을 경우 장보기를 하는 일 등

맡은 일에 책임을 지게 하는 연습

❖ 종이에 아이에게 맡길 수 있는 그리고 맡기고 싶은 일들의 목록을 적어 본다.

❖ 작은 일부터 시킨 후 서서히 좀더 중요한 일들로 바꾸어 나간다.

❖ 아이가 할 일을 마쳤을 때 반드시 칭찬을 해 주어야 한다. 아이가 무언가를 성취했다는 것도 중요하지만 그 경험이 아이의 불안 증세를 막는 데 도움이 된다는 것 또한 중요하다.

이 아이에게 맡길 수 있는 일이다. 집안일을 맡음으로써 아이는 무언가 자기 임무를 갖게 되고 그 임무 수행에 따르는 책임을 지는 법을 배우게 된다.

| 아이를 믿어 준다 | 아이의 자립심을 키워 준다는 것은 곧 아이를 믿어 준다는 것을 가리킨다. 아이에게 "나는 네가 혼자서도 잘 해낼 거라고 믿어. 혹시라도 어려운 일이 있으면 언제라도 말만 하렴!" 하고 격려하는 것을 의미한다.

레아는 가장 친한 친구 두 명과 함께 자전거 여행을 계획했다. 한 친구의 할아버지 댁이 있는 농장까지 자전거를 타고 간 다음 거기서 하룻밤을 자고 올 생각이었다.

그런데 레아의 부모는 허락하지 않았다. 열여섯이라는 나이가 그런 여행을 하기에는 너무 어리다는 이유였다. 레아는 속상했다. 친구들은 레아를 빼놓고 둘이서만 여행을 갔다.

비록 레아의 부모가 딸을 위해 최선이라고 생각해서 내린 결정이긴 하지만 레아의 입장에서 보면 부모의 태도는 "우리는 열여섯 살인 네가 아직은 그런 여행을 할 능력이 없다고 생각한다."고 말하는 것이다. 분명히 자기 아이의 나이에 어느 정도까지 허용할 것인가 결정하는 것은 무척 어려운 일이다. 이 문제에 관하여 어떻게 결정을 해야 할지 자신이 없는 부모라면 자기 아이 또래의 자녀를 둔 다른 부모와 대화를 나누어 보는 것이 좋겠다. 그렇게 함으로써 다른 가정에서는 그런 경우에 어떤 원칙을 적용하는지 비교적 객관적이고 정확한 정보를 얻을 수 있으며 거기에 준해서 새로운 결정을 내릴 수 있다.

| 문제를 해결하도록 지원한다 | 불안 증세가 있고 의존적인 아이들은 문제가 발생하면 자신이 그것을 해결할 능력이 없다고 생각한다. 그런 아이들은 빨리 포기할 뿐만 아니라 쉽게 좌절감을 느낀다.

앞서 예로 들었던 야니크의 경우 숙제를 하는 데만 문제가 있는 것이 아니다. 집에서 혼자 놀고 있을 때 친구가 전화를 해서 놀러 오라고 하면 야니크는 그냥 집에 있을지 아니면 친구네 집에 놀러 갈지 결정을 못 한다. 그래서 엄마한테 어떻게 하면 좋을지 묻는다. 물론 야니크의 엄마는 아이가 좀 더 사회성을 기르는 게 좋다고 생각해서 친구네 집에 보낸다. 결국 야니크의 결정을 대신 해준 셈이다.

야니크가 무슨 일이든 혼자서 결정을 내리지 못하는 일이 잦아지자 엄마는 야니크에게 문제가 있음을 눈치채고 자녀교육 상담 기관을 방문한다. 그리고 거기에서 조언한 대로 이제까지와는 다른 태도를 취함으로써 아이 혼자 결정을 내릴 수 있는 힘을 길러 주려고 노력한다. 야니크가 친구네 집에 가야 할지 말아야 할지 고민하면 엄마는 그럴 때 답을 찾을 수 있는 방법을 알려 준다. 각기 다른 결정을 내릴 때 얻게 될 결과의 좋은 점과 나쁜 점을 아이와 함께 비교해 보는 것이다. 친구네 집에 가면 분위기가 어떨까? 친구랑 같이 무얼 하면서 놀게 될까? 별로 좋지 않은 것은 뭐가 있을까? 친구네 집에 가지 않고 혼자서 집에 있으면 어떨까? 이런 것들을 검토해 보면서 야니크는 스스로 결정하는 법을 터득했다.

그 결과 숙제를 하는 태도도 전과는 많이 달라졌다. 야니크의 엄마는 더 이상 야니크가 숙제하는 내내 아들 곁에 앉아 있지 않는다. 숙제를 시작하기 전에 야니크의 엄마는 숙제할 부분의 내용을 야니크가 이해하고 있는지 확인하고 모르는 것은 설명해 준다. 그 다음에는 야니크가 혼자서 숙제를 마친다. 마지막으로 엄마는 야니크가 숙제를 제대로 했는지 점검한다. 이런 과정을 통해 야니크는 자기에게 닥친 문제에 점점 더 자립적으로 맞서는 법을 배웠다. 그리고 그 문제들을 전부는 아니라도 몇 개는 혼자 힘으로 해결하는 경험을 쌓았다. 예전에는 숙제하느라 한 시간이 훨씬 넘게 걸렸지만 이제 45분 정도면 숙제를 끝낸다. 그뿐만 아니라 친구와 함께 탁구 클럽에도 가입했다.

| 문제 해결을 지원하되 대신 해 주지는 않는다 | 겁이 많은 아이들은 불안감을 불러일으키는 상황을 가능한 한 피한다. 그렇게 함으로써 일시적으로 불쾌한 기분으로부터 도망치는 것이다. 그러나 장기적으로 볼 때 이것은 잘못된 전략이다. 왜냐 하면 그 상황으로부터 도피한 것이지 그 상황을 해결한 것이 아니므로 불안감은 사라지지 않고 남아 있기 때문이다. 어른의 역할은 아이가 문제를 해결하도록 지원하는 것이며 아이에게 불쾌한 것들을 대신 처리해 주는 것은 아니다.

리자(12세)는 문화센터의 하모니카 연주 강좌를 수강하고 싶어 한다. 그 강좌는 리자가 오래 전부터 고대해 왔던 강좌다. 그러나 문화센터 사무실에 전화를 걸어 수강 신청을 한다는 게 엄두가 나지 않는다. 전화 통화를 하다가 말실수를 할 것 같아 두렵기 때문이다. 그래서 리자는 엄마한테 전화를 걸어 수강 신청을 해 달라고 부탁한다.

엄마 입장에서는 전화를 걸어 딸이 들을 강좌를 대신 신청해 주는 것이 훨씬 간단할 것이다. 그러나 이것은 긴 안목으로 볼 때 리자에게 전혀 도움이 되지 않는다. 리자는 자기가 두려워하는 것이 결코 두려워할 필요가 없다는 것을 스스로 경험하지 않으면 안 된다. 그리고 그것은 리자가 직접 전화 거는 일을 해냄으로써만 가능한 것이다.

아무리 설득해도 리자가 직접 전화 걸기를 계속 거부하자 엄마는 타협안을 내놓는다. 엄마도 그 문화센터에서 하는 영어 강좌를 들을 예정이라 전화로 수강 신청을 할 텐데 엄마가 전화를 할 때 리자더러 옆에서 지켜보라는 것이다. 엄마는 통화를 마치고 나서 리자에게 문의하고 싶은 것들을 종이에 적게 한다. 이제 리자는 혼자서 전화를 걸 만반의 준비를 갖추게 되었다.

리자의 엄마는 문제 상황을 아주 매끄럽게 처리하였다. 리자는 자기에게 필요한 통화를 하기 전에 엄마가 어떻게 전화 통화를 하는지 잘 들을 수 있었다. 다음에 리자가 이런 종류의 통화를 하게 된다면 통화하기 전에 어떻게 준비를 해야 할 것인지 그리고 통화를 어떻게 이끌어나가야 하는지 잘 알고 있을 것이다.

리자 엄마처럼 행동할 기회가 누구에게나 주어지는 것은 아니다. 그리고 같은 상황에 처했더라도 리자 엄마의 행동을 똑같이 흉내낼 필요는 없으며 역할 놀이를 해 보는 것도 괜찮다. 엄마가 사무실 직원 역할을 맡고 아이가 연습 삼아 전화를 걸어 보는 것이다.

리자의 엄마가 늘 이런 태도를 보였던 것은 아니다. 1년 전만 해도 리자 엄마는 딸 대신 전화를 걸어 딸이 들을 강좌를 신청했을 것이다. 그런데 리자가 숙제를 할 때나 일상생활에서 요구되는 소소한 것들을 결정할 때마다 엄마의 도움을 청하자 리자 엄마는 딸의 의존적인 태도를 더 이상 그냥 두어서는 안 되겠다고 생각했

 학교가 두려운 아이, 즐거운 아이

다. 그래서 아이에게 엄마의 사랑은 여전하지만 이제는 리자가 엄마 도움 없이도 많은 것들을 할 수 있을 만큼 충분히 컸다고 조용히 타일렀다.

어떤 상황이든지 아이가 그 상황을 잘 처리하면 칭찬을 해 주는 것이 바람직하다. 모든 아이들은 이따금 겁이 나는 상황에 처하지만 뚜렷한 공포를 나타내는 일 없이 그런 상황을 잘 넘기는 경우가 있다. 그런 경우 그 즉시 혹은 직후에 칭찬을 해 주는 것이 좋다. 처음에는 조금이라도 용기를 보이면 격려해 주어야 한다. 그리고 어른에게는 지극히 당연한 많은 상황들이 아이의 입장에서 보면 충분히 위협적으로 느껴질 수도 있다는 점을 반드시 염두에 두어야 한다.

: : 아이의 입장에서 생각한다

어른들은 자신이 두려움을 느낄 때 어떻게 해야 할지 서로 의논하는 일이 종종 있다. 그런 경우 다음과 같은 충고는 누구라도 한 번씩은 들어 보았을 것이다. "열심히 노력하면 두려움을 극복할 수 있어!" 혹은 "너무 어렵게 생각하지 말고 두려움을 버리면 되잖아!" 아니면 "두려워하지 말고 그냥 하고 보는 거야!" 대부분 이런 충고들은 실질적으로는 거의 도움이 안 된다. 그 충고들은 두려움을 버리지 못하는 것이 노력이 부족하거나 게으르거나 아니면 비협조적이기 때문이라는 인상만 주고 있다. 자신이 느끼는 두려움을 극복하는 것이 그렇게 간단한 일이라면 누구라도 진즉에 그렇게 했을 것이다. 자신의 두려움을 즐겁고 유쾌한 상태로 경험하는 사람은 아무도 없을 테니까. 그리고 이것은 아이들도 마찬가지다.

아이가 두려움을 느낄 때 진정으로 돕고자 한다면 무엇보다도 아이의 입장에서 생각하려고 노력해야 할 것이다. 다시 말해서 아이의 눈으로 세상을 보고 아이의 감정을 진지하게 받아들이려고 해야 한다. 그래서 아이들을 비판하는 사람이 아니라 아이들의 두려움에 함께 맞서 싸워 줄 동지라는 느낌을 아이들에게 주어야 한다. 그런 느낌을 가져야만 비로소 아이들은 자기가 느끼는 두려움을 극복하는 데 협조적인 태도를 보일 것이다.

: : 아이와 대화를 나눈다

아이들이 무엇 때문에 두려움을 느끼는지 그리고 아이들을 움직이는 요인이 무엇인지 정확하게 판단할 수 있을 때에만 우리는 아이들의 두려움을 해소하는 데 도움이 되는 방법을 찾을 수 있다. 아이와 심각한 문제에 관하여 진지하게 대화를 나눌 때에는 시간을 충분히 할애해야 할 뿐만 아니라 어떤 것에도 방해를 받지 않

 학교가 두려운 아이, 즐거운 아이

아이와의 대화를 유도하는 방법

❖ 아이와 나누는 대화는 취조가 아니다. 아이가 자신이 두려움을 느꼈던 경험에 대하여 털어놓을 때 가능한 한 개인적인 반응을 자제하고 아이의 처지에 공감한다는 것을 보여 주어야 한다. 그리고 아이가 속마음을 털어놓을 수 있도록 아이에게 시간을 충분히 주어야 한다.

❖ 아이와 대화를 나눌 때에는 오로지 아이에게만 관심을 기울여야 한다. 자기감정을 토로하는 것은 아무나 드나들 수 있는 장소에서 일어날 수 있는 일은 아니다. 그것은 뭔가 익숙하고 보호받는 느낌을 주는 공간에서 이루어져야 하는 일이다. 식구들이 모두 들을 수 있는 저녁식사 자리나 놀러간 친척 집에서 아이가 자기 속마음을 털어놓을 리는 없다. 아이의 입장에서 생각해 보려고 노력해야 한다. 당신이라면 자신이 갖고 있는 가장 큰 두려움에 대하여 누군가에게 털어놓고 싶을 때 어떤 분위기가 좋겠는가?

❖ 아이를 향해 몸을 돌리고 아이를 격려하는 시선으로 친절하게 바라보아야 한다. 아이와 시선을 교환하여 아이가 하는 말에 부모가 관심을 기울이고 있다는 느낌을 전달한다.

❖ 아이의 말에 100퍼센트 주의를 기울여야 한다. 아이의 말을 듣는 도중에 즉각적으로 충고를 하거나 적절한 대꾸를 해 주고 싶은 충동을 느끼더라도 자제해야 한다. 아이가 하고 싶은 말을 모두 다 했다는 기분이 들 때까지 충분히 말하게 한 다음 좀 더 알고 싶은 것을 물어봄으로써 관심을 보인다.

❖ 아이가 두려움이나 걱정거리에 대하여 털어놓는 경우 반응을 보일 때에는 무척 주의해야 한다. 크게 놀란다거나 당황해하는 것은 아이에게 그 문제가 아주 심각하며 결코 해결되지 않을 것이라는 인상을 심어 주게 될 것이다.

❖ 아이의 걱정을 진지하게 받아들여야 한다. "별것 아니란다!" 혹은 "넌 분명히 할 수 있어!"와 같은 말은 아이가 걱정하는 문제를 대수롭지 않게 여긴다는 것을 표현할 뿐이다.

❖ 불안 증세를 갖고 있는 아이들은 흔히 두려움에 고통받는 사람이 자기 혼자라고 생각하는 경향이 있다. 아이에게 무언가에 대하여 커다란 두려움을 느끼는 아이들이 많다는 것을 그리고 심지어는 어른들도 그런 경우가 종종 있다는 것을 분명하게 인식시켜야 한다. 자기 혼자만 그런 문제를 갖고 있는 것은 아니라는 사실을 알게 되는 것이 아이에게 다소 도움이 되기도 한다. 그 사실이 적어도 아이를 위로해 주기 때문이다.

아야 한다. 아이에게 충분한 시간을 낼 수 없을 때 아이가 대화를 원한다면 아이와 대화할 수 있는 시간을 정해야 한다. 그리고 정한 시간은 반드시 지켜야 한다. 아이가 부모의 약속을 믿을 수 있어야 하기 때문이다.

단 한 번의 대화를 통해 아이가 느끼는 두려움이 모두 밝혀질 수는 없는 노릇이다. 특히 그 대화가 그다지 조심스럽게 진행되지 않는다거나 대화 이후에 계속 아이의 상태를 캐물어서 아이가 너무 심한 심적 부담을 느끼는 경우 아이의 두려움은 더 밝혀지기 어렵다. 왜냐 하면 자기가 느끼는 두려움에 대하여 말하고 싶은가 아닌가는 전적으로 아이의 선택이기 때문이다.

: : 일정한 생활 습관을 유지한다

불안 증세를 갖고 있는 아이들에게는 일종의 의식처럼 늘 되풀이되는 행동이나 일정하게 유지되는 생활 습관이 무척 도움이 된다. 그런 것들은 예측 가능하기 때문에 안정감을 제공한다.

함께하는 식사 시간

점심 또는 저녁식사를 함께하는 자리에서 아이들은 그날 학교에서 있었던 일들을 얘기할 기회를 갖게 된다. 여기에서 중요한 것은 아이들이 얘기할 수 있다는 것이지 얘기해야 하는 것은 아니라는 점이다. 자녀가 학교에서 무엇을 했는지 궁금해서 캐묻는 부모들이 적지 않은데 아이들 가운데 자기가 경험한 것을 모두 얘기하는 아이는 별로 많지 않다.

그리고 많은 아이가 위기감을 느끼거나 위협적이라고 생각했던 사건을 경험하면 그것을 털어놓을 때까지 어느 정도 시간을 필요로 한다. 아이가 아직 말할 준비가 되지 않았을 때에는 부모가 아이를 다그칠수록 아이는 더욱 더 폐쇄적인 태도를 보이게 되어 마지못해 아주 조금 말하거나 아예 말문을 닫아 버리는 결과가 발생한다.

아이가 말을 할 때에는 아이의 말에 전적으로 관심을 쏟아야 하며 그것을 아이가 느낄 수 있도록 해야 한다. 아이와 눈을 맞춤으로써 아이의 말에 귀를 기울이고 있음을 알리는 것이 그 중 한 방법이다. 또는 이따금 고개를 끄덕이는 것도 좋은 방법이다. 텔레비전은 아이와의 대화를 완전히 망치는 기구이므로 아이와 함께 하는 식사 자리에서 추방해야 한다.

잠자리 동화

어른이 잠자리 동화를 읽어 주는 시간은 아이들, 특히 유치원이나 저학년 아이들이 가장 좋아하는 생활 습관이다. 쉽게 불안해하는 아이들에게는 이 시간이 무척 도움이 된다. 이 시간에 아이들은 오직 자기만을 위해 시간을 낸 어른과 함께 있으므로 누구의 방해도 받지 않고 그날 있었던 일을 털어놓을 수 있다. 게다가 잠자리 동화를 듣는 것은 편안한 기분으로 잠이 들게 하는 데 뛰어난 효과가 있다. 동화를 듣는 동안 아이의 몸은 서서히 수면에 빠질 준비를 한다. 다음날 학교 갈 일을 걱정하는 것에 비하면 아름다운 이야기나 흥미진진한 이야기를 듣는 것은 잠드는 데 훨씬 도움이 된다.

아이들은 책에서 읽어 주는 이야기보다 지어낸 이야기를 더 좋아한다. 이야기를 지어낼 때 이야기를 듣는 아이의 경험을 그 안에 집어넣을 수 있기 때문이다.

레오니는 자기가 등장해서 작은 모험을 겪는 이야기를 가장 좋아한다. 유령을 헛간에 가둔 적도 종종 있고 마법에 걸린 요정을 도운 적도 있다.

똑같은 이야기를 여러 번 듣는 것을 좋아하는 아이들이 많은데 이 또한 아이들에게는 안정감을 준다. 다음에 어떤 일이 일어날지 항상 알고 있기 때문이다.

토비아스는 행복한 아이다. 토비아스의 부모는 매일 밤 아이가 잠자리에 들면 등을 마사지해 준다. 토비아스는 긴장을 푼 채 편안히 엎드려서 그날 있었던 일을 얘기한다. 그리고 얘기가 끝나면 부모님이 읽어 주는 동화를 듣다가 편안하게 잠이 든다.

주말여행

주말여행은 가족이 함께 시간을 보낼 수 있는 좋은 기회다. 주말여행은 가족 간의 유대감을 강하게 해 줄 뿐만 아니라 아이가 작은 모험을 통해 불안감에 맞서는 연습을 하고 두려움을 이기게 하는 효과를 거둘 수 있다.

주말여행의 적절한 예로는 보트놀이, 연날리기, 부메랑 만들어서 던지기나 산에 가서 활과 화살을 만들어 보는 것 또는 마당에 텐트를 치고 야영하기 등을 들 수 있다. 아이들은 이런 경험을 한 다음 학교에 가서 친구들에게 자기가 경험한 것을 이야기할 수 있다. 그와 동시에 이 경험은 아이에게 자기 자신을 시험해 보고 더 많은 용기를 갖게 하는 기회가 된다. 친구네 집이나 할아버지 댁에 가서 자고 오는 것도 주말여행에 포함시킬 수 있다.

주말여행은 정기적인 행사로 치르는 것이 바람직하다. 무엇보다도 쉽게 불안해하는 아이들에게 유익하기 때문이다. 그렇다고 해서 매주 주말여행을 하는 것이 좋다는 말은 아니다. 아이들에게는 가끔 아무런 특별한 계획이 없는 주말도 필요하다. 이런 주말에 아이들은 친구들과 만날 수 있다. 아이들이 커갈수록 자신만의 시간이 더 많이 필요하게 되며 그런 시간을 달라고 요구하게 마련이다.

어른들도 숙면을 취하지 못한 다음날이 어떤지 알고 있다. 그런 날에는 감정의 기복이 심하고 사소한 일에도 짜증이 나며 평상시보다 격한 반응을 보이게 된다. 그리고 걱정거리도 더 쉽게 생기고 두려움도 더 많이 느낀다.

수면 장애에 도움이 되는 방법

❖ 취침 시각과 기상 시각을 확실하게 정한다. 그리고 낮잠을 자지 못하게 한다.

❖ 취침 시각 한 시간 전부터는 조용히 하게 한다. 더 이상 장난을 치거나 컴퓨터 게임을 하거나 아이들을 흥분시키는 영화를 보는 등 취침 전의 고요를 깨뜨릴 요인을 제거한다. 그 대신 아이가 서서히 '수면 리듬을 타도록' 유도한다.

❖ 할머니들은 종종 아이들이 쉽게 잠들게 하는 비법을 알고 있다. 예를 들어 따뜻한 우유 한 잔(우유에는 사실 수면 효과가 있는 트립토판이라는 요소가 함유되어 있다)은 도움이 된다. 잡곡빵이나 치즈 등의 식품에 들어 있는 탄수화물이나 단백질은 숙면에 방해가 된다.

❖ 잠자리에 들기 전 소변이 마렵지 않더라도 반드시 화장실에 다녀오게 한다. 그래야만 자다가 화장실에 가느라 잠이 깨는 걸 막을 수 있다.

❖ 저학년 어린이의 경우는 잠자리 동화를 취침 습관에 포함시키는 것이 종종 아이가 잠들게 하는 데 도움이 된다. 좀 더 큰 아이들은 테이프로 이야기를 듣게 할 수도 있으며 몇몇 아이들에게는 조용한 음악이 수면 효과를 나타내기도 한다.

❖ 침대는 오로지 취침용이라는 사실을 분명히 해야 한다. 따라서 부모는 아이에게 침대에서 책을 읽거나 놀거나 장난 치는 것을 금지하는 것이 좋다. 그렇게 해야만 아이는 침대에 누우면 자는 시간이라는 것을 배우게 된다.

❖ 아이가 잠자리에 드는 시각을 아이와 함께 정하고 그 시각을 항상 지키도록 하는 것이 효과적이다.

❖ 아이가 취침에 관련된 규칙들을 잘 지킬 때 그것을 당연한 것으로 받아들여서는 안 되며 반드시 칭찬을 해 주고 상을 주어야 한다.

그런데 불안 증세가 있는 아이들은 다른 아이들에 비해 숙면이 특히 중요한데도 불구하고 잠이 들기가 쉽지 않을 뿐만 아니라 잠이 든다 해도 아침까지 푹 자기가 어려운 경우가 대부분이다. 숙면에 도움이 되는 몇 가지 방법을 사용하면 이런 상황이 개선될 수 있다.

매일 지켜야 할 취침 습관으로 아이가 잠들기 전에 부모가 아이의 침실을 떠나는 것도 포함된다. 부모가 침실을 떠나고 난 후 혼자서 잠드는 것에 익숙해지면 아이는 자다가 깨서도 부모를 찾지 않고 다시 잠들기가 쉽다.

: : 하루의 시작을 즐겁고 매끄럽게

아침이면 아이와 실랑이를 벌이느라 힘들다고 호소하는 부모들이 많다. 불안 증세가 있는 아이들의 경우는 아침에 일어나는 일이 특히 문제가 된다.

니클라스(11세)의 엄마는 우리에게 아침마다 아이와 벌이던 실랑이를 어떻게 해결했는지 들려주었다.

니클라스는 아침에 깨우기가 정말 힘들었어요. 깨울 때마다 항상 피곤하다고 하면서 조금만 더 자면 안 되냐고 투정이었지요. 겨우 깨워 놓으면 씻고 옷 갈아입는 일에 어찌나 늑장을 부리는지 전 늘 시간에 쫓겨 조바심을 냈답니다. 게다가 어쩌다가 제가 아침 준비하는 게 좀 늦어지기라도 하면 꼼짝없이 지각이지요.

그래서 요즘은 아이를 전보다 조금 더 일찍 깨웁니다. 그래야 아이가 늑장을 좀 부리더라도 시간 때문에 스트레스를 덜 받거든요. 그리고 아이를 깨운 다음에 아이 방에 모래시계를 갖다 놓지요. 니클라스는 일어나서 씻고 옷을 갈아입은 후 아래층 식당으로 내려오는 일을 20분 안에 해내야 한답니다. 주어진 시간 안에 식당에 내려오면 아이가 제일 좋아하는 그리고 특별한 경우에만 주는 시리얼이 기다리고 있답니다.

아침에 일어나는 일

- 아침 일과를 확실하게 정한다. 이는 매일 아침 일정한 원칙에 따라 동일한 행동이 반복되도록 정하는 것을 가리킨다.
- 아이를 적절한 시각에 깨워야 한다. 시간에 쫓겨 허둥대지 않고 등교 준비에 필요한 시간이 충분히 주어지도록 아이를 깨워야 한다(아이를 정확히 몇 시 몇 분에 깨울 것인가? 아이가 늦어도 언제까지는 침대에서 나와야만 씻고 옷을 갈아입은 후 아침 식탁에 앉을 것인가?)
- 입을 옷을 고르는 게 힘들다거나 아이가 늑장을 부리기 때문에 옷을 갈아입는 데 문제가 있다면 전날 저녁에 미리 입을 옷을 골라서 의자 위에 잘 올려 놓도록 한다. 그렇게 하면 옷을 갈아입는 데 시간이 절약되기 때문에 좀 더 여유 있게 등교 준비를 할 수 있다.
- 아이가 정해진 시간 안에 등교 준비를 마치면 칭찬해 주어야 한다. 제때 등교 준비를 하게 하는 훈련의 초기에는 잘 할 때마다 작은 상을 주는 것도 좋은 방법이다.

첫날에는 등교 준비를 마치고 아래층까지 내려오는 데 30분이 걸렸지요. 그래서 아이가 식당에 들어오자 아무 말 없이 시리얼을 치우고 상냥하게 아침 인사를 건넨 후 학교에 잘 다녀오라고 말했어요. 니클라스는 시리얼을 먹으려고 나와 어떻게든 협상을 해 보려고 했지만 무시했습니다. 다음 날 니클라스는 15분 만에 준비를 마치고 식당에 나타났지요. 그리고 의기 양양한 목소리로 "시간 지켰으니까 시리얼 주세요!" 하고 소리쳤답니다.

아침 일과의 훈련에 '점수 모으기'(요즘 우리나라에서도 이와 흡사한 '칭찬 스티커판'이 가정 또는 학교에서 이용되고 있다. ─옮긴이)도 좋은 방법이다.

: : 아이의 동기 부여에 효과적인 '점수 모으기'

언젠가 다섯 살쯤 된 여자아이가 시금치가 담긴 접시 앞에 앉아 마지못한 표정으로 시금치를 먹고 있는 사진이 실린 엽서를 본 적이 있다. 사진 아래에는 "하느님, 제발 시금치 안에 있는 비타민이 바닐라 푸딩 속으로 들어가게 해 주세요!" 라는 말이 적혀 있었다.

'점수 모으기'는 아이가 배우기 힘들어 하는 태도 혹은 새로운 태도를 아이에게 훈련시킬 때 무척 효과적인 방법이다. 이 방법이 높은 효과를 거두는 까닭은 아이에게 동기 부여를 한다는 데 있다. ‘점수 모으기’는 아이가 배우기 힘들어 하는 태도, 그러니까 시금치 속에 들어 있는 비타민을 말 그대로 ‘맛있는 것’으로 바꿀 수 있는 방법이다.

‘점수 모으기’ 계획을 진행시키려면 아이와 일종의 계약을 맺어야 한다. 이 계약에서 먼저 확실한 목표를 정한 다음 작은 단계별로 그 목표를 달성하도록 한다. 목표에 한 단계씩 다가갈 때마다 아이는 점수를 얻는다.

그리고 일정한 점수를 모으면 작은 상으로 바꿀 수 있다. 점수를 모아서 받게 되는 상이 바로 이 ‘점수 모으기’ 계획에 아이가 매력을 느끼는 이유인 것이다.

자니나는 초등학교 1학년인데 매일 아침 엄마한테 학교까지 데려다 달라고 조른다. 처음에 자니나의 엄마는 아이의 요구가 당연하다고 생각했다. 학교까지 가는 길을 확실하게 알지 못하는 데다가 입학한 지 얼마 되지 않았기 때문이다.

하지만 어느 정도 시간이 지나 다른 아이들은 혼자서 등교하는데도 자니나는 여전히 엄마와 함께 가야 한다고 고집을 부린다. 매일 아침 자니나가 혼자서는 학교에 가지 않겠다고 울면서 소리를 지르는 바람에 엄마는 할 수 없이 아이를 학교에 데려다 준다.

엄마는 자니나네 집 앞을 지나 학교에 가는 친구와 함께 가라고 달래 보았으나 자니나는 거절한다. 자니나 엄마도 매일 학교까지 같이 가자는 아이의 요구가 너무 심한 것 같다는 생각을 하게 되지만 자니나는 절대로 고집을 꺾지 않는다. 엄마는 아이를 계속 학교에 데려다 주는 일이 잘못된 행동이라는 것을 알고는 있지만 달리 어찌해야 할지 뾰족한 수가 없다.

결국 자니나 엄마는 '점수 모으기' 방법을 써서 아이에게 혼자 등교하는 훈련을 시키기로 한다. 자니나는 엄마 없이 친구와 학교에 가는 날은 점수를 1점 얻는다. 점수가 5점이 되면 작은 상이 기다리고 있다. 자니나는 점수를 모으는 일에 재미를 붙여 '점수 모으기'를 시작한 지 14일이 지나자 예전에 벌였던 '소동'은 완전히 잊은 채 등굣길에 나선다. 두 달 후 자니나의 엄마는 '점수 모으기'를 더 이상 계속할 필요가 없어졌다.

'점수 모으기' 방법으로 훈련시키는 법

'점수 모으기' 방법은 여러 상황에서 사용할 수 있다.

소피는 '점수 모으기' 방법을 통하여 아침에 혼자서 신속하게 옷을 갈아입는 연습을 한다. 한스의 부모는 한스가 '꾀를 부리지 않고' 제시간에 잠자리에 들게 하는 데 '점수 모으기' 방법을 사용한다. 코니는 밤에 자기 침대에서 혼자 잔 날은 점수를 받는다. 카밀라는 쉬는 시간이면 자꾸 집에 오는데 집에 오고 싶은 것을 꾹 참고 학교에 남아 있으면 점수를 얻는다. 읽기를 힘들어 하는 유스틴은 매일 소리 내어 읽는 연습을 할 때마다 점수를 받는다.

‘점수 모으기’ 방법은 규칙적으로 반복되는 모든 종류의 행동 방식에 적용될 수 있다. 그러나 이 방법에도 한계는 있다. 학교에서 얌전하게 행동한다거나 다시는 두려움을 갖지 않는 것은 이 방법으로 훈련할 수 있는 태도가 아니다. 훈련을 통해 습득하고자 하는 태도를 정확하게 규정할 수 없기 때문이다.

다른 방법들과 마찬가지로 이 방법 역시 참을성을 필요로 한다. 아이의 태도를 하루아침에 바꾸려고 할 것이 아니라 관찰 가능한 작은 단계들로 나누어 조금씩 진행시켜야 한다. 작은 단계들이 모이면 때로 놀라운 변화를 일으키기도 하는 법이다.

‘점수 모으기’ 방법을 사용한 훈련이 성과를 거두려면 충족되어야 할 몇 가지 조건이 있다.

| 아이에게 훈련시키고 싶은 행동이 무엇인지 처음부터 분명하게 정해야 한다 | 그리고 그것은 단 한 가지 행동이라야 한다. 동시에 두 가지 이상을 훈련시키는 것은 아이에게나 어른에게나 부담스러운 일이다.

율리아네(8세)는 아침이면 옷 갈아입는 것부터 시작해서 이 닦는 것, 아침 먹는 것 그리고 집을 나서는 것까지 매사에 늑장을 부린다. 학교 가는 것을 두려워하기 때문에 학교에 도착하는 것을 최대한 늦추려는 것이다. 그러다 보니 아침마다 마냥 꾸물대는 아이와 재촉하는 부모 사이에 말다툼이 끊이

질 않는다. 율리아네의 부모는 시간에 쫓기지 않으려고 아이보다 30분 전에 일어난다. 그런데도 율리아네가 집을 나설 무렵이면 엄마는 완전히 지치고 만다.

우리는 상담 클리닉을 찾아 온 율리아네의 엄마와 '점수 모으기' 방법에 대하여 의논한 다음 엄마와 아이가 함께 할 수 있는 한 가지 행동을 골랐다. 율리아네의 엄마는 일단 옷 갈아입는 훈련부터 시작하기로 하고 아이와 다음과 같이 약속했다. 율리아네가 5분 안에 옷을 갈아입으면 3점을 받는다. 점수가 20점이 되면 원하는 상을 한 가지 고를 수 있다. 이 닦는 것이나 아침식사 그리고 제때 등교하기에 대한 훈련은 당분간 시작하지 않기로 했다. 처음에는 오로지 정해진 시간 안에 옷 갈아입는 것만 훈련시키기로 한 것이다.

| 아이에게 훈련시키고자 하는 행동이 무엇인지 차분하게 설명해야 한다 | 그리고 언제 점수를 얻게 되는지 그리고 어떻게 행동하면 점수를 얻을 수 없는지 분명히 한다. 아이와 약속을 할 때에는 오해의 소지가 없도록 해야 한다. 나중에 아이와 점수에 관하여 논쟁이 있어서는 안 된다. 가장 좋은 방법은 '점수 모으기' 카드에 언제 점수를 받게 되는지 확실하게 기록해 놓는 것이다. 기록한 다음에는 카드 아래 양쪽에 아이와 부모 모두 서명을 한다(다음 쪽의 '점수 모으기' 카드 그림 참고).

이름 : ___________________

____

아이의 서명   부모의 서명

________________________   ________________________

〈 '점수 모으기' 카드〉

| 아이가 받게 될 점수를 처음부터 분명하게 정해 놓아야 한다 | 예를 들어 율리아네의 경우 정해진 시간 내에 옷을 갈아입으면 3점을 받는다. 율리아네는 자기가 받은 점수를 '점수 모으기' 카드(그림)에 동그랗게 색칠한다. 아이에게 점수를 주는 데 인색하게 구는 것은 바람직하지 않다. 어떤 아이나 카드에 동그라미를 한 개 색칠하는 것

보다는 세 개 색칠하는 것을 좋아할 뿐만 아니라 점수를 몇 점 더 준다고 해서 당장 상을 주어야 하는 것은 아니기 때문이다.

| 아이가 원하는 상을 선택한다 | '점수 모으기' 방법의 성공 여부는 상에 달려 있다. 상이 무엇인지 알게 되는 순간 아이가 "그거라면 열심히 노력할 만하네요!" 하고 좋아할 수 있는 것이라야 한다. 부모는 보통 자기 아이가 간절하게 갖고 싶어하는 것이 무엇인지 짐작한다. 대부분의 경우 그것은 작지만 아이를 매혹시키는 것들, 교육적인 차원에서 가치 있다고 할 수 있는 것은 결코 아니기 때문에 평상시에 부모가 잘 사 주지 않는 것들이다. 예를 들어 물컹거리고 끈적끈적한 것으로 던지면 달라붙는 이상한 물질로 된 장난감이나 플라스틱으로 된 바퀴벌레, 리모컨으로 움직이는 작은 장난감 자동차, 컴퓨터 게임, 쏘면 물을 뿜는 장난감 총이나 장신구, 번쩍거리는 형광펜 등이 그런 것에 속한다.

대부분의 경우 물건으로 주어지는 상이야말로 아이들의 동기 유발에 가장 효과적이다. 하지만 때로는 물건이 아니라도 상으로 주어질 수 있는 것들은 다양하다. 모은 점수를 텔레비전 시청 시간이나 컴퓨터 게임 시간으로 교환할 수도 있다. 아이가 상으로 가족과 함께하는 주말여행이나 영화 관람 혹은 수영장에 놀러가는 것을 원한다면 아이의 희망 사항을 들어 주어야 한다.

율리아네의 엄마가 율리아네에게 '점수 모으기' 방법을 이야기하자 아이는 열렬하게 환영했다. 두 사람은 점수를 얼마나 모으면 어떤 상을 받게 되는지 의논했다. 그 결과 엄마는 율리아네에게 20점을 모으면 작은 상을, 40점을 모으면 중간 정도의 상을 그리고 60점을 모으면 큰 상을 주기로 약속했다. 상으로 받기를 희망하는 모든 물건들을 크기에 따라 세 종류로 나눈 후 표로 만들어 냉장고 문 앞의 '점수 모으기' 카드 옆에 나란히 붙여 놓았다.

율리아네의 엄마처럼 모은 점수에 따라 서로 다른 상들을 받을 수 있도록 하는 방법은 실제로 무척 효과적임이 입증되었다. 그 방법은 아이가 스스로 작은 상이라도 빨리 받을 것인가 아니면 점수를 모았다가 더 큰 상과 바꿀 것인가를 결정할 기회를 제공한다.

어린아이일수록 대체로 처음에는 빨리 점수를 모아 작은 상을 받으려고 한다. 부모가 약속대로 정말 상을 주는지 궁금하기 때문이다. 좀 더 큰 상을 타기 위해서 모은 점수를 쓰지 않고 아끼는 것은 아이에게 점수를 계속 모으겠다는, 따라서 바람직한 태도를 계속 유지하겠다는 생각을 더욱 강하게 하는 효과가 있다.

| 바람직한 태도의 훈련 | 아이에게 '점수 모으기'에 관하여 설명한 다음 훈련의 대상이 되는 태도를 결정하고 받을 점수와 상에 대한 약속을 마쳤다면 이제 실제 훈련에 들어가야 한다. 아이가 첫 번

째 상을 비교적 짧은 시일 안에 받을 수 있도록 하는 것이 좋다. 그래야만 아이가 상을 받기 위해서 '노력할' 필요가 있다는 확신을 갖게 될 것이다. 저학년 어린이(1학년부터 3학년까지)의 경우 이 방법을 시작한 지 며칠 지나지 않아 바로 상을 받게 하는 것이 좋다. 이 나이의 아이들은 며칠보다 더 긴 기간 이후에 일어날 일을 머릿속에 그리기가 어렵기 때문이다. 훈련을 통하여 아이의 태도가 나아지면 다음 단계의 훈련으로 넘어간다.

율리아네는 처음에는 옷을 빨리 갈아입는 데에서만 점수를 받을 수 있었다. 아침에 빨리 못 일어나고 이 닦는 데 늑장을 부려도 그리고 아침 식탁에서 음식을 제대로 먹지 않아도 상관없었다. 그러다가 율리아네가 옷 갈아입는 문제로는 더 이상 늑장을 부리지 않게 되어 매일 점수를 받게 되자 율리아네의 엄마는 새로운 조건을 내걸었다.

"너 이제 옷 갈아입는 건 정말 빨리 잘 하는구나! 스포츠맨들이 좀 더 나은 기록을 위해서 계속 훈련하는 것처럼 너도 더 나아질 수 있어. 옷 빨리 갈아입는 건 이미 잘 할 수 있으니까 점수 받는 건 다른 걸로 바꿔도 되겠지? 엄마가 깨운 다음에 20분이 지나기 전에 아침 먹으러 올 수 있으면 3점을 줄게. 시간이 얼마나 남았는지 잘 보이게 엄마가 아침마다 너 깨우고 나서 모래시계를 갖다 놓을 거야."

| '점수 모으기'의 중단 | 대부분의 경우 '점수 모으기' 방법을 통해 아이의 태도는 비교적 빠른 시일 안에 바람직한 방향으로 개선된다. 상황이 뚜렷하게 개선된 기미가 보이면 '점수 모으기'를 서서히 중단하도록 한다. 이 시기에는 아이에게 가끔씩만 점수를 준다. 시간이 지나면서 '점수 모으기'는 자연스럽게 중단된다.

어느 정도 시간이 흐르자 율리아네는 매일이 아니라 이따금씩만 점수를 받게 된다. 율리아네의 아빠는 그렇게 하기 위해서 현명한 방법을 사용한다.

"이제 옷 갈아입는 건 거의 문제 없지? 아빠가 보니까 아침에 시간 맞춰 옷 갈아입는 건 너한테 전혀 어려운 일이 아닌 것 같구나. 옷 갈아입는 것으로 점수 받는 것은 이제 너무 쉬운 일이 되어 버렸는데, 그냥 점수를 받을 것이 아니라 게임을 해 보는 건 어떠냐?"

아침마다 율리아네는 통 속에 들어 있는 쪽지로 제비뽑기를 해서 당첨되면 점수를 받고 꽝을 뽑으면 점수를 받지 않기로 한다. 날짜가 지날수록 제비뽑기에서 허탕을 치는 횟수가 점점 늘어난다. 이렇게 해서 율리아네는 자연스럽게 '점수 모으기'로부터 '벗어나게' 된다. 사실 율리아네 자신도 자기에게 점수가 더 이상 필요하지 않다고 느꼈기 때문에 제비뽑기에 동의할 수 있었던 것이다.

'점수 모으기'를 중단할 때 특히 유의해야 할 점은 아이를 계속 칭찬하는 일을 잊어서는 안 된다는 것이다. 따라서 아이가 바람직한 태도를 계속 유

 학교가 두려운 아이, 즐거운 아이

지하는 경우 계획이 완전히 중단된 이후에도 주말여행이나 가족이 함께하는 영화 관람과 같은 작은 상을 계속 주는 것이 좋다.

율리아네의 부모는 옷 갈아입는 행동을 훈련시키기 위한 '점수 모으기'는 이제 완전히 중단했지만 아이가 정해진 시간 안에 옷을 다 갈아입었을 때마다 "매일 아침 이렇게 빨리 끝내다니, 정말 잘하는구나!" 하고 칭찬을 아끼지 않았다. 율리아네는 부모의 칭찬에 기뻐한다. 이제 꾸물대지 않고 옷을 갈아입는 것은 아이에게 아주 당연한 일이 되었다. '점수 모으기'는 아이에게 재미가 있었다. 그래서 다음 단계로 이 닦기에 '점수 모으기' 계획을 실시해 보자고 하자 율리아네는 선뜻 동의한다.

'점수 모으기'가 중단된 이후 예전 버릇이 이따금 나타날 수도

'점수 모으기' 방법의 적용 단계

1 아이와 함께 훈련하려고 하는 한 가지 태도를 고른다.
2 '점수 모으기' 계획에 대하여 아이와 함께 의논한다.
3 아이가 점수를 받을 수 있는 경우와 받을 수 없는 경우를 확실하게 한다.
4 점수를 몇 점 모았을 때 어떤 상으로 교환할 수 있는지를 분명하게 정한다.
5 '점수 모으기'를 시작한다.
6 점수를 받기 위해 충족시켜야 할 조건을 단계적으로 높인다.
7 '점수 모으기'를 서서히 중단한다.
8 아이를 계속 칭찬한다!

있다. 어떤 태도가 일정하게 유지되지 않고 기복을 보이는 것은 정상이다. 사실 어른들도 때로 평상시와 다른 태도를 보이는 날들이 있지 않은가! 어쨌든 아이가 '점수 모으기' 방법을 통하여 바람직한 태도를 배운 이상 예전의 나쁜 버릇이 가끔 다시 나타난다 해도 그런 일은 시간이 지날수록 눈에 띄게 줄어든다.

이럴 때 '점수 모으기' 방법은 실패한다

'점수 모으기'는 거의 대부분의 아이들에게 효과가 있는 방법이다. 효과가 없는 경우는 원칙적으로 방법을 잘못 사용했을 때라고 보아야 한다. 바꾸어 말해서 아이에게 '점수 모으기' 방법을 사용했는데도 불구하고 태도의 변화가 없다면 부모는 방법이 올바르게 적용되었는지 자문해 보아야 한다.

'점수 모으기' 방법이 실패하는 가장 흔한 요인으로 다음 몇 가지를 지적할 수 있다.

| 지나치게 어려운 과제의 선정 | 한스는 율리아네와 비슷한 문제를 가지고 있는 아이다. 한스 역시 아침에 학교 갈 생각을 하기만 해도 복통이 일어날 지경이다. 그러나 율리아네처럼 아침에 늑장을 부리는 대신 한스는 저녁에 제때 잠을 청하는 일이 무척 어렵다. 매일 저녁 한스는 잠자리에 드는 시각을 최대한 늦추려고 갖은 애를

쓴다. 자기 전 이 닦는 과정에서부터 한스의 연극적 재능은 유감없이 발휘된다. 입에 칫솔을 문 채 거울 앞에서 온갖 표정을 지어 보인다. 마침내 잠자리에 들었는가 하면 또 다시 일어나 화장실에 가야 한다거나 목이 마르다는 핑계를 대면서 들락거린다. 할 수 없이 한스의 아빠는 매일 저녁 아이가 잠들 때까지 침대 옆을 지킨다. 이렇게 어렵사리 잠이 든 한스는 한밤중에 부모의 침대로 파고든다. 잠이 깼는데 도무지 다시 잠이 오지 않는다는 것이 이유다.

한스의 부모는 '점수 모으기' 방법을 통하여 사태를 개선하려고 시도한다. 한스는 '말썽'을 부리지 않고 '잠자리에 드는 행동'을 하면 3점을 받기로 한다. 첫날 한스는 서둘러 이를 닦고 침대에 눕는 데까지는 실제로 성공했다. 그러나 침대에 눕자 다시 전날처럼 행동한다. 이튿날은 이 닦기를 포함해서 모든 태도가 다시 예전과 똑같다.

한스의 부모는 '점수 모으기' 방법을 실시하는 과정에서 종종 나타나는 실수를 했다. 아이가 도달해야 할 목표를 너무 높게 설정하고 한꺼번에 여러 가지를 훈련시키려고 한 것이다. 한스에게는 '말썽을 부리지 않고' 잠자리에 드는 일이 너무 광범위하고 어려운 일이었다. '점수 모으기' 계획을 시작한 지 하루가 지나자 아이는 벌써 점수를 받기가 불가능하다고 생각해서 포기한다. 한스의 부모는 작은 목표들을 단계적으로 달성하게 하는 쪽으로 훈련 목표를 바꾼다.

두 번째 시도에서 한스에게는 단 한 가지 목표가 주어진다. 정해 진 시간 안에 이 닦기를 끝내기만 하면 점수를 받을 수 있게 된 것 이다. 정해진 시간을 지키게 하기 위해서 한스의 부모는 선반 위에 모래시계를 갖다 놓는다. 모래시계를 거꾸로 세워 모래가 아래로 다 떨어지기 전에 한스는 거울 앞에서 장난을 치지 않고 이 닦기를 끝내야 한다. 성공하면 3점을 받는다. 2주가 지나자 이를 닦으면서 장난을 치는 일은 더 이상 일어나지 않는다.

그 다음 단계로 한스는 잠들기 전에 알아서 화장실에 다녀오면 점수를 받는다. 이것도 잘 해내자 한스는 마지막으로 가장 어려운 과제에 도전한다. 밤에 자다가 부모의 침실로 오지 않으면 점수를 받기로 한 것이다. 이 과제 역시 한스는 '점수 모으기' 방법의 도 움으로 성공적으로 해결한다.

| 상이 매력이 없거나 너무 먼 미래에 받게 되는 경우 | 첫 번째 상은 어린아 이들일수록 특히 빠른 시일 안에 받을 수 있어야 한다. 상을 받는 일이 요원하다고 생각할 때 어린아이들은 너무 쉽게 포기한다.

레온의 부모가 완전히 실망한 표정으로 면담 시간에 찾아와서 말했다. "전혀 소용이 없네요. 다른 아이들에게는 효과가 있었을지 몰라도 우리 레온한테는 효과가 없었어요. 처음부터 별로 할 마음이 없더라고요." 레온의 부모에게 상으로 내건 물건이 뭐였느냐고 물었더니 알록달록한 수정펜을 보여 주었다. "필기할 때 잘못 쓰는 일이 워낙 많으니까 어차피 필요한 물건이거든요." 레온의 아빠가 상에 대하여 덧붙인 말이다.

모은 점수에 대한 대가로 주어지는 상은 아이가 실제로 갖고 싶어할 정도로 매력적인 것이라야 한다. 그래야만 아이가 그것을 갖기 위해 노력할 가치가 있다고 생각할 것이기 때문이다. 레온에게는 상으로 받을 수정펜이 전혀 탐나지 않는 물건이니 점수를 모을 마음이 생길 리가 없다.

| 점수를 모았는데도 상을 받지 못하는 경우 | 점수를 모았다는 것은 아이가 약속을 이행했음을 나타낸다. 아이는 당연히 부모도 약속을 지키리라고 기대할 것이다. 아이가 모은 점수를 작은 상품으로 교환하고 싶어 하면 아이의 희망대로 해 주어야 한다. 원하는 것이 물건이 아니라 부모와 함께하기를 희망하는 일(영화 관람이나 수영장 혹은 동물원, 놀이공원에 가는 일 아니면 소풍 등)일 경우에도 마찬가지다.

약속한 상은 가능한 한 즉시 받을 수 있어야 한다. 그렇지 않으면 '점수 모으기'의 매력은 사라질 것이다. 아이가 받기로 한 물건을 사다 주는 일을 미루거나 약속한 소풍을 함께 갈 시간을 내지 못하는 경우는 유감스럽게도 항상 발견된다.

'점수 모으기'에 관련된 질문

Q '점수 모으기' 방법은 아이가 당연히 해야 할 일을 하는데도 상을 주는 것은 아닌가요? 당연히 할 일인데 굳이 점수를 줄 필요가 있을까요?

A '점수 모으기'는 아이가 배우기 힘들어 하는 행동을 훈련시키는 데 사용하는 방법으로 아이에게 작은 버팀목 역할을 해 준다. 어른들에게나 다른 아이들에게는 당연한 행동이라도 어떤 아이들에게는 하기 힘든 것이 있는 법이다. 많은 아이들이 자기가 하기 힘든 행동을 배우려고 노력한다. 이 노력만으로도 아이에게 상을 줄 가치는 충분히 있다.

Q '점수 모으기' 방법을 쓰게 되면 아이가 오로지 상을 받기 위해서만 노력하는 자세를 갖게 되는 것은 아닌가요?

A 방법을 올바르게 적용한다면 그런 일은 일어나지 않는다. 이 방법을 통하여 아이는 부모가 바라는 행동을 좀 더 지속적으로 할 수 있도록 동기부여가 되는 경험을 한다. 많은 부모들이 교사들과 마찬가지로 다른 부분에서는 나쁜 태도를 보이는 아이가

어떤 행동을 잘 했다고 해서 상 주는 것을 받아들이기 어려워한다. 어른들은 때로 '제멋대로 행동해서 속을 썩이는 아이한테 나더러 지금 상을 주라는 말인가!' 하고 생각한다. 미국에서 실시된 한 연구 결과에 의하면 이런 이유에서 교사들이 종종 행동장애를 보이는 아이들에게 상을 주기보다는 벌을 주려고 하는 경향이 있다고 한다. 부모들도 그와 비슷하게 생각하는 경우가 흔히 있다.

Q 다른 형제자매 역시 상을 받고 싶어 한다면 어떻게 해야 하나요?

A 동생이 점수를 모으거나 상을 받는다고 해서 모든 아이들이 불만을 갖는 것은 아니다. '점수 모으기' 자체가 점수를 받기 위해서 어떤 행동을 열심히 훈련해야 한다는 사실을 의미하기 때문이다. 게다가 그 행동이 자기들에게는 쉬운데 동생에게는 어려운 행동이라서 훈련받는다는 것을 대부분의 아이들이 이해한다.

그럼에도 불구하고 자기도 꼭 상을 받고 싶다고 하는 아이도 물론 있다. 그런 경우 그 아이에게도 '점수 모으기'를 하게 하는 것이 가장 간단한 해결책이다. 단, 그 경우 훈련의 대상이 되는 것은 당연히 그 아이가 배우기 힘들어하는 것으로 정해야 한다. 예를 들어 율리아네의 오빠가 자기도 상을 받고 싶다고 하자 부모는 율리아네의 오빠에게 그가 힘들어하는 낭독을 훈련시킨다. 율리아네 오빠는 매일 저녁 아빠한테 10분간 책을 읽어 드리고 점수를 받게 된다.

손위의 형제자매에게 주어지는 과제가 너무 쉬운 것이면 안 된다. 동생의 과제와 비교하여 조금은 어려운 것으로 정해야 한다.

: : 등교 때의 분리불안 극복은 이렇게

아이들이 분리불안 증세를 보일 때 적절하게 대처함으로써 쉽게 나아질 수 있다. 다른 불안 장애의 경우와 마찬가지로 분리불안 역시 그것에 대하여 빨리 대처할수록 좋다.

145쪽에 나오는 표에는 분리불안에 어떻게 대처할 것이며, 아이의 태도를 어떻게 변화시킬 것인가에 대하여 몇 가지 유익한 방법이 제시되어 있다.

앞으로 마주할 낯선 상황으로 서서히 인도한다

쉽게 불안감을 느끼는 아이들에게는 무엇보다도 새로운 상황, 그래서 아직 자기가 알지 못하는 상황에 적응하기가 힘들다. 새로운 상황에 익숙해지면 걱정이나 두려움도 당연히 줄어든다.

여덟 살인 리자는 부모가 외출하고 베이비시터와 함께 집에 남는 일을 무척 힘들어한다. 그래서 리자의 엄마는 새로운 베이비시터 아가씨에게 아이를 맡기기 전에 아이가 그 아가씨를 낯설어하지 않도록 주중에 몇 차례 초대했다. 세 사람은 놀이터에서 함께 시간을 보내면서 친해질 수 있었다. 부

아이의 분리불안에 대처하는 법

- 아이가 분리불안 증세를 보이는 질문(예를 들어 "엄마, 정말로 학교 끝나고 나오면 교문 앞에서 기다리고 계실 거죠?")을 반복할 때 아이를 안심시키는 대답은 한두 번으로 제한한다.
- 아이가 학교에 있거나 친구네 집에 놀러갔을 때 부모에게 전화하는 횟수를 제한한다. 그리고 아이에게 휴대폰을 사 주지 말아야 한다. 휴대폰이 있으면 집으로 전화하는 행동을 통제할 수 없다.
- 아이가 제멋대로 학교를 나와서 집으로 올 수 있는 가능성을 없애야 한다.
- 아이가 학교를 결석하고 집에 있을 때 아이에게 특별 대우를 해 주어서는 안 된다. 또한 집에 있을 때 안락하게 보낼 수 있도록 해 주는 것도 바람직하지 않다.
- 아이가 걱정하는 일이 실제로 일어날 가능성이 얼마나 되는지 아이와 함께 판단해 본다.
- 아이와 함께 긴장을 푸는 방법을 연습한다.
- 불안감을 느낄 때 도움이 되는 자기암시('난 할 수 있어!')를 아이에게 가르쳐 준다.
- 아이가 자립심을 보이는 행동을 할 때 격려하고 칭찬한다.
- 아이에게 긍정적인 모범을 보인다.
- 아이와 잠시 떨어져서 시간을 보내는 연습을 하고 이런 시간을 점차 늘려 나간다.
- 아이와 일정 시간 동안 떨어져 있는 기회(예를 들어 조부모를 방문하는 일)를 가능한 한 많이 가진다.
- 일상생활에서 아이와 떨어져 있는 시간 동안 침착한 태도를 한결같이 유지한다.
- 아이와 떨어져서 시간을 보내는 일에 있어서 일관성 있는 태도를 보인다.
- 아이가 부모와 떨어져 있는 시간을 잘 보냈을 때 아이를 칭찬한다.

모가 외출하는 날, 리자는 엄마 아빠와 떨어져서 저녁 시간을 보내게 된 것 때문에 불안해하긴 했지만 분리불안 증세를 예전보다 훨씬 덜 보였다. 베이비시터 언니가 아는 사람이었기 때문이다.

아이가 특정 장소에 익숙해질 수 있도록 위와 비슷한 방법을 사용할 수 있다. 예를 들어 아이가 학교에 입학하기 전에 아이가 다니게 될 학교 운동장에 데리고 다니면서 놀면 아이가 자연스럽게 학교에 익숙해질 수 있다. 그리고 경우에 따라서는 아이를 맡게 될 선생님과 얼굴을 익힐 기회를 가질 수도 있다.

작은 것부터 시작해서 큰 것으로

난쟁이에게 거인을 때려눕히라고 요구할 사람은 없을 것이다. 그와 마찬가지로 분리불안 증세를 고치기 위해 아이에게 부모와 떨어져 있는 시간을 갖게 할 때에는 가능한 한 자주 그리고 짧게 시험해 보는 것이 좋다. 여기에서 잊지 말아야 할 것은 아이가 부모 혹은 자기와 가장 가까운 사람과 헤어져 있는 시간이 길수록 그리고 떨어져 있는 거리가 멀수록 아이의 불안이 크다는 사실이다.

리디아(7세)는 아직 친구네 집에서 자고 온 적이 한 번도 없다. 리디아는 우선 아빠랑 마당에 텐트를 치고 하룻밤을 자기 방이 아닌 곳에서 자 본다.

리디아는 이것을 무척 신나는 경험이라고 받아들인다. 이는 분리불안을 극복해서라기보다는 아마도 텐트 안에서 잔다는 색다른 경험이었기 때문일 것이다.

그 다음으로 리디아는 몇 차례 할아버지 댁에 가서 자고 온다. 리디아의 조부모는 옆 마을에 사시는데 리디아는 그 마을을 잘 안다. 게다가 할아버지 댁에서 자는 날이면 항상 무언가 근사한 일이 있다. 할아버지와 함께 벽난로에 불을 지피기도 하고 할머니와 함께 와플을 굽기도 하며 티셔츠에 염색 물감으로 그림을 그리기도 한다. 할아버지 댁에서 자고 오는 일에 익숙해지자 마침내 리디아는 가장 친한 친구네 집에 가서 자고 올 용기가 생긴다.

: : 즐거운 등굣길

학교 가기를 혹은 부모와 떨어지는 것을 두려워하는 자녀를 둔 많은 부모가 '어떻게 해야 아이가 학교에 잘 다니게 할 수 있을까?' 하는 고민을 한다.

일단 아이에게 학교에 다니는 것이 왜 중요한지 그리고 그것을 부모가 왜 원하는지 설명할 필요가 있다. 학교 가기를 두려워하는 저학년 어린이들의 경우 비슷한 문제를 겪고 있는 아이를 주인공으로 등장시켜 이야기를 해 주는 것이 두려움에 대처하는 데 도움이 될 수 있다. 그런 이야기들은 아이들에게 일종의 모델을 제공한다. 아이들은 자기와 비슷한 문제로 힘들어하는 다른 아이들이 있다는 것을 그리고 그 아이들이 어떻게 두려움을 극복했는지를 알게 된다.

그 다음에 할 일은 아이에게 조용하지만 단호한 음성으로 학교에 가게 될 것이라고 통보하는 것이다. 학교에 가는 문제로 논쟁을 허용해서는 안 된다. 아침에 깨워서 등교 준비를 시키는 데 앞에서 소개한 방법(125~126쪽 참고)이 도움이 될 것이다.

저학년 어린이라면 처음 며칠간은 학교까지 데려다 주는 것이 전혀 문제될 것은 없다. 다만 학교에 도착하면 가능한 한 빨리 그 자리를 떠나야 한다. 가장 좋은 방법은 아이의 눈을 똑바로 들여다보면서 상냥하게 작별 인사를 하고 나서 바로 돌아서는 것이다. 아이가 작별의 순간에 지나치게 감정적인 반응을 보일 여지를 주지 말아야 한다.

학교공포증이 있는 고학년 아이들의 경우 학교에 간다면서 집을 나서기는 하되 학교에 가지 않는 아이들도 이따금 있다. 그 아이들은 집으로 되돌아오거나 다른 곳을 배회하면서 학교 수업을 빼먹는다.

로빈은 이제 막 5학년이 되었다. 얼마 전까지 로빈이 다녔던 초등학교는 이웃 마을에 있는 작은 학교였으며 한 반 학생의 수도 15명에서 20명 정도에

 학교가 두려운 아이, 즐거운 아이

지나지 않았다. 로빈에게는 새로 다니게 된 학교가 많은 학생과 학급을 둔 거대한 건축물처럼 여겨졌다.

새 학교에 가게 되면서 처음 이틀은 엄마가 학교까지 데려다 주었다. 그 다음날부터는 통학 버스를 타고 가기로 되어 있었다. 버스를 타고 가기로 한 날 로빈은 작별 인사로 엄마 뺨에 가볍게 입맞춤을 하고 버스 정류장으로 간다. 30분이 지나자 로빈은 집으로 되돌아온다. 학교에 가기가 싫다는 것이다. 엄마는 당황해서 어찌할 바를 모른다. 그래서 그날 하루는 그냥 집에 있으라고 말하고 학교에 전화를 걸어 아이가 사정이 있어서 결석한다고 알린다.

이튿날에도 마찬가지 일이 벌어진다. 버스 정류장으로 향한 지 30분 만에 로빈이 다시 집에 나타난 것이다. 이번에는 엄마가 차로 학교에 데려다 준다. 엄마는 오후에 집에 돌아온 로빈과 그 문제에 대하여 이야기를 해 보려고 하지만 로빈은 대화를 피한다. 그냥 학교 가기가 싫다는 대답만 할 뿐이다. 다음날 엄마는 버스 정류장까지 아이를 데려다 준 후 아이가 버스에 올라타는 것을 확인하고 집으로 돌아온다. 2주가 지났을 때 학교에서 전화가 걸려온다. 로빈의 결석이 너무 잦다는 것이다. 로빈의 엄마는 상당 기간 동안 아이의 행동을 지켜본 결과 통학 버스에 태워 보낸 아이가 종종 바로 그 다음 정류장에서 내렸다는 사실을 알게 된다.

로빈처럼 등굣길에 나서기는 해도 학교에 결석하는 아이들이 적지 않다. 로빈의 부모는 처음에는 아이를 직접 학교에 데려다 주는 방법을 시도해 보았다. 그런데 학교에 도착하면 들어가지 않겠다며 부모에게 화를 내거나 울음을 터뜨렸다. 그래서 부모는 다른 방법을 써 보기로 했다. 같은 반 친구의 엄마가 자기 아이를 학교에 데려다 줄 때 로빈도 함께 데려다 달라고 부탁한 것이다. 로빈은 친구와 친구 엄마가 있는 자리에서 학교에 가지 않겠다고 고집을 부릴 수는 없었는지 얌전히 등교했다.

등교 거부를 하는 학생을 교사가 매일 아침 집으로 가서 학교까지 함께 온 경우도 있다. 하지만 이런 경우 전문가의 도움 없이 그 일을 진행하는 것은 그다지 좋은 방법이라 하기 어렵다.

어떤 교사는 자기 경험에 대하여 다음과 같이 털어놓았다.

내가 교생이었을 때 내가 맡은 반에 등교거부증이 있는 남학생이 있었다. 그 학생은 학교에 올 마음이 전혀 없었다. 처음에는 부모가 서명을 한 사유서를 제출하고 종종 결석했다. 그런데 부모가 더 이상 학교에 결석하는 것을 허락할 수 없다고 하자 그 후로는 무단결석을 했다. 사태를 수습하기 위하여 부모는 아이를 학교까지 차로 데려다 주려고 했지만 심한 말다툼으로 발전했을 뿐 효과가 없었다.

학교 측에서는 교육심리학자의 권유를 받아들여 부모의 동의 아래에 다른 방법을 써 보기로 했다. 그 아이의 집 바로 근처에 살고 있는 내가 학교 가는 길에 그 아이를 태우고 가기로 한 것이다. 처음에는 차에 타지 않으려고 완강히 저항하다가 겨우 차에 탔는데 가는 길에 한마디도 하지 않았다. 막상 학교에 도착하니 아이는 순순히 따라 들어왔다. 나는 수업이 시작되기 직전에 아이를 자기 반 교실 앞에 데려다 주었다.

같은 시기에 아이의 부모는 가족 상담 치료를 시작했다. 몇 주가 지나자 아이의 태도는 많이 좋아졌으며 학교에 대한 두려움도 줄어들었다. 그리고 마침내 아이가 혼자서도 학교에 다닐 수 있게 되었다. 하지만 요즘도 가끔 아이는 학교 가는 길목에 서서 내 차가 지나가기를 기다린다. 아이가 내 차를 보고 태워 달라는 신호를 보내면 나는 아이를 태워 준다. 아이가 내 차를 타고 가는 것은 이제 등교거부증 때문이 아니라 편하기 때문이다.

아프다고 호소하면 일단 병원으로

많은 아이들이 특히 학교에 가기 전에 어디가 아프다거나 속이 안 좋다는 말을 한다. 이런 경우 일단 의사에게 진단을 받게 하는 것이 좋다. 신체적으로 이상이 없는지 확인할 필요가 있기 때문이다. 아이가 신체적으로 이상이 없음을 확인한 후에는 아이가 몸이 좋지 않다고 말해도 학교를 조퇴하게 하고 병원에 또다시 데려가는 일은 없어야 한다.

요헨은 벌써 몇 번이나 의사에게 다녀왔다. 아이는 밤늦게 그리고 아침에 심한 어지럼증을 호소한다. 그리고 가끔은 메스껍다고 하거나 심지어는 토하기도 한다. 가정의나 전문의의 진단 결과 신체적으로는 아무런 이상이 없는 것으로 확인되었다. 결국 요헨의 부모로서는 요헨이 느끼는 신체적 불편이 등교거부증에서 기인한 것이라는 결론을 내릴 수밖에 없었다.

그래서 요헨이 메스껍다고 할 때면 전에는 학교에 보내지 않았던 부모는 이제 요헨에게 결석을 허락하지 않는다. 몸이 좋지 않은데도 학교에 가야만 했던 첫날, 요헨은 안절부절못하더니 학교 가는 길에 아빠 차 안에서 체육복 주머니에 토하고 만다. 그 다음 며칠은 갑자기 두통이 심하다고 말한다. 요헨이 아침에 머리가 아프다고 하자 엄마는 "누구라도 가끔 두통을 느끼는 날이 있는 법이야. 두통은 갑자기 오기도 하지만 갑자기 사라지기도 한단다. 그러니까 학교에 가도 괜찮아. 학교 다녀와서도 머리가 아픈지 한 번 보자꾸나. 그때도 머리가 아프면 잠깐 낮잠이라도 자든지." 하는 말과 함께 아이를 학교에 보낸다.

아이가 느끼는 신체적 불편 혹은 고통이 그 이전까지와는 다른 양상을 보일 때에는 병원에 한 번 더 데려갈 필요가 있다. 이 경우에도 신체적으로는 전혀 이상이 없다는 진단 결과가 나오면 원칙 때문에라도 아이를 학교에 보내야 한다. 그리고 이후에 아이의 등교거부증의 원인을 밝히고 해결한다.

사태가 너무 많이 진행된 나머지 아이의 결석을 막을 도리가 없어서 아이가 집에 있게 되는 날이 종종 있다면 다음에 소개하는 내용이 도움이 될 것이다.

등교거부증이 있는 많은 아이들이 결석하고 집에 있을 때 특별 대우를 경험한다. 늦게까지 자도 된다거나 텔레비전을 평상시보다 더 많이 볼 수 있거나 기운 내라고 누군가 작은 선물을 하는 등의 특별 대우는 좋은 의도에서 행해지는 것이긴 하지만 사태를 더욱 악화시킨다. 집에 있는 동안 받은 특별 대우 때문에 학교에 가기가 더욱 싫어질 가능성이 크다. 여기에 속하는 아이들은 보통 오후가 되면 '멀쩡해지고' 내일은 꼭 학교에 가겠노라고 굳게 약속해 놓고는 막상 다음날 아침이 되면 또 아프다고 한다.

| 취침-기상 리듬을 학교 갈 때와 똑같이 유지한다 | 특히 학교를 장기간 결석할 경우 취침-기상 리듬이 늦추어지게 된다. 아픈 아이들은 잠을 실컷 자게 되고 그러다 보면 어느 정도 건강을 되찾은 다음에도 잠자리에 드는 시각이 평상시 학교에 다닐 때보다 늦어지기 쉽다. 그래서 다시 학교에 가게 되어 일찍 일어나야 할 경우 대부분의 아이들이 잠을 푹 자지 못해 피곤하고 몸 상태가 좋지 않다. 그런데 몇몇 아이들은 이런 상태를 자기가 다시 아파서 그런 것으로

받아들인다. 따라서 저녁에 늦게까지 깨어 있는 것을 허용해서는
안 되며 아이가 평소와 같은 시각에 잠자리에 들도록 해야 한다.

| 특별 대우를 해 주지 않는다 | 가족 가운데 아픈 사람이 생기면 그 사
람에게 특별한 관심과 배려를 베푸는 가정이 많다. 정말로 병에
걸린 것이라면 이런 특별 대우는 당연하다. 하지만 아이가 분명한
병명이 없이 신체적으로 불편함을 느끼는 경우 '건강에 좋은' 차
와 비스킷을 먹게 하고 텔레비전 시청은 금한다. 그리고 오후에
친구들이 찾아오는 것도 허용하지 말고 아이를 침대에 누워 쉬게
한다.

| 반드시 숙제를 하게 한다 | 아이에게 같은 반 친구에게 전화를 걸어
숙제가 무엇인지 확인하도록 시킨다. 아파서 학교를 결석했다고
해서 숙제를 면제해 주는 것 역시 아이에게 해 주어서는 안 될 특
별 대우에 속한다. 그리고 그것 못지않게 중요한 것은 결석으로
인해 수업 진도를 많이 놓치게 해서는 안 된다는 점이다. 숙제를
하면서 학교 진도를 어느 정도 쫓아가게 하지 않으면 등교거부증
이 있는 아이들 가운데 대다수는 자기가 결석하는 동안에 다른 아
이들이 배운 내용을 도저히 따라갈 수 없을 것이라는 두려움에 사
로잡힌다. 그리고 이것은 다시 학교에 대한 두려움을 증가시킨다.

아이가 결석하고 집에 머무는 기간이 길어지면 길어질수록 그만큼 아이를 다시 학교에 다니게 하는 것이 힘들어진다.

: : 똑같은 경험에도 생각과 행동은 사람마다 달라

레온은 학교를 생각하기만 하면 머릿속에 학교에서 일어날지도 모를 온갖 끔찍한 일들이 떠오른다. 그러면 기분이 나빠지고 식욕도 없어져서 아침식사를 제대로 할 수 없을 뿐만 아니라 손바닥은 식은땀으로 축축해진다. 레온의 경우처럼 두려움은 단지 느낌으로만 표현되는 것이 아니고 특정한 행위나 생각으로 표현되기도 한다. 아이는 학교에서 마주하게 될지도 모를 최악의 사태들에 대하여 생각하면서 식욕을 잃은 채 식탁에 놓인 아침식사를 먹는 둥 마는 둥 하는 것이다.

생각과 느낌 그리고 행위는 서로 어떤 영향을 미칠까?

많은 사람들은 자기 감정이 일차적으로는 외부로부터 영향을 받아 생기는 것이라고 생각한다. 우리가 종종 하는 말 가운데 "네가 날 화나게 만들어!" 혹은 "그 영화를 보니까 무섭더라." 하는 말은 그런 생각에서 나온 말이다. 하지만 이것은 사실을 지극히 단순화한 관점으로 실상은 그렇지 않다.

마르코와 레오폴트는 친구 사이로 학교에 같이 간다. 학교 가는 길에 두 아이는 개를 산책시키고 있는 한 부인과 마주친다. 개는 길 옆에 있는 덤불에 코를 갖다 대고 냄새를 맡고 있다가 맞은편에서 걸어오는 두 아이를 발견하자 꼬리를 흔든다. 마르코는 목줄에 매이지 않은 채로 돌아다니는 개를 보자마자 이렇게 생각한다. '앗! 저 개는 목줄에 매어 있지 않잖아. 나한테 달려와서 나를 물지도 몰라!' 마르코는 개가 무섭다고 느끼고 얼른 건너편으로 간다.

레오폴트는 그와 반대로 '와, 개다! 정말 귀엽게 생겼네. 쓰다듬어 봐도 되나?' 하고 생각한다. 귀여운 개와 마주치게 된 것에 기쁨을 느끼면서 레오폴트는 개를 향하여 다가간다.

두 아이는 목줄에 묶이지 않은 개와 마주치는 동일한 상황을 경험한다. 그런데 왜 같은 상황이 두 아이에게 판이한 감정을 불러일으키는 걸까? 마르코는 나쁜 일이 일어날 것이라고 생각해서 두려움을 느끼고 그 상황을 피한다. 반면에 레오폴트는 그 상황에 대하여 좋은 쪽으로 생각한다. 개를 쓰다듬을 수 있기를 기대하며 개를 향해 곧장 다가간 것이다. 결국 두 아이가 동일한 상황에 대하여 어떻게 생각하는지가 두 아이에게 서로 다른 느낌을 갖게 하고 그 결과 서로 다른 행동을 하게 만들었던 것이다.

우리는 일상생활에서 위와 같은 수많은 상황을 관찰하고 또 경험할 수 있다. 똑같은 경험을 한 사람들임에도 불구하고 그 경험에 대한 생각과 느낌은 각기 다른 경우가 많다.

안타깝게도 두려움을 불러일으키는 생각을 변화시키는 일은 무척 어렵다. 그런 생각은 겁이 많은 사람들의 머릿속에 그야말로 거의 자동적으로 '떠오르는' 경우가 대부분이다.

릴리는 사이렌 소리를 들을 때마다 곧바로 엄마한테 무슨 일이 생겼을지도 모른다고 생각한다. 한편 데니스는 반 아이들의 놀림감이 될까 봐 무척 두려워한다. 선생님이 수업 시간에 이름을 부르는 순간 데니스는 '어떻게 하지, 분명히 틀리게 대답할 텐데! 애들이 전부 비웃겠지? 나랑은 아무도 친하게 지내려고 안 할 거야.' 하고 생각한다. 겁이 많아 쉽게 불안해하는 사람들이 자동적으로 하게 되는 생각에는 두 가지 결정적인 문제점이 있다.

▶ 쉽게 불안해하는 사람들은 자기 지신의 능력을 과소평기한디.

▶ 쉽게 불안해하는 사람들은 자기가 처한 상황의 위험성이나 결과를 과대평가한다.

데니스의 머리에 떠오른 최초의 생각은 '분명히 틀린 대답을 하게 될 거야.' 였다. 데니스는 자기 대답이 틀린 것일 가능성이 99퍼센트라고 생각한 것이다. 그런데 실제로 데니스의 학교 성적은 상당히 좋은 편이다. 그러니까 데니스가 틀리게 대답하는 일은 다른 아이들과 마찬가지로 그다지 많지 않다. 따라서 데니스의 생각은 그가 자신의 능력을 과소평가하고 있음을 그래서 자기가 실제로 틀리게 답할 가능성은 과대평가하고 있음을 드러낸다. 게다가 그는 틀리게 대답했을 경우에 일어나게 될 결과에 대해서도 과대평가하고 있다. 틀린 답을 말했을 때 끔찍하게 나쁜 일이 일어날 것이라고 생각하는 것이다. 얼굴이 붉어질 것이고 그러면 아이들이 전부 그걸 알아차릴 것이며 다시는 아무도 말을 걸지 않을 것이라고 생각한다. 누구라도 그런 생각이 들면 당연히 두려움을 느낄 것이다.

릴리의 경우는 어떠한가? 릴리가 구급차의 사이렌 소리를 들으면 떠올리는 불길한 생각은 엄마가 사고를 당했을 가능성을 과대평가한 결과다. 물론 한 번쯤 그런 생각을 해 보지 않은 사람은 거의 없을 것이다. 어디선가 사이렌 소리가 들리면 가까운 사람들에게 별일 없는지 걱정스러운 생각이 드는 것은 자연스러운 반응이다. 하지만 우리는 릴리와는 달리 그런 일이 실제로 일어났을 가능성이 극히 적다는 것을 알고 있기 때문에 공포감을 느끼지는 않는다.

두려움을 불러일으키는 생각 대신에 다른 생각, 즉 긍정적인 사고를 하도록 유도하는 것은 훈련을 통해 가능하다. 많은 심리 치료 혹은 상담 치료가 그런 훈련으로 구성되어 있으며 긍정적인 사고가 두려움을 감소시키는 데 탁월한 효과가 있음이 입증되었다.

그러나 부모나 교사는 심리 치료 또는 상담 치료 전문가가 아니다. 치료는 그들의 임무가 아니며 임무가 되어서도 안 된다. 하지만 자녀가 두려움을 느낄 때 그 두려움이 감소할 수 있도록 부모가 자녀에게 도움이 될 수 있는 방법이 몇 가지 있다.

주의 분산은 아주 간단하게 쓸 수 있는 방법이다. 그렇지만 이 방법은 두려움이 별로 크지 않은 경우 그리고 어떤 과제나 상황에 집중해야 할 필요가 없는 경우에만 효력이 있는 방법이다.

율리안(14세)은 심각한 시험공포증에 시달리고 있다. 시험 전날이면 거의 잠을 이루지 못한다. 시험 당일 아침식사 자리에서는 의자에 앉아 안절부절못하면서 일어날 수 있는 모든 나쁜 일을 머릿속으로 생각해 본다. '시험 범위를 잘못 알았으면 어쩌지? 다른 애들은 완벽하게 시험 준비를 했을 거야! 지난번 시험에서도 파울은 거의 모든 문제에서 정답을 썼잖아. 오늘 시험은 분명히 망칠 거야!' 학교에 도착할 때까지 이런 생각은 멈추질 않는다. 시험이 시작되어 자리에 앉으면 율리안은 시험문제에 집중하기가 무척 어렵다.

율리안의 경우 주의 분산이 그가 처한 모든 상황에 적용될 수 있는 것은 아니다. 시험을 치르는 동안 걱정거리 대신에 다른 생각을 하는 것은 그에게 도움이 안 된다. 오히려 시험문제에 전혀 집중하지 못하는 결과만 낳게 될 것이다. 율리안과 엄마는 시험 전에 주의 분산 방법을 사용하기로 했다. 시험을 치는 날 아침식사 자리에서 엄마는 시험 얘기는 전혀 꺼내지 않고 계속 다른 화제를 언급한다. 신문에 축구 시합 결과가 실렸더라는 얘기를 하거나 주말에 함께 무얼 하면 좋을지 혹은 율리안이 생일 선물로 받고 싶은 것은 무엇인지 하는 것들을 묻기도 한다.

율리아의 엄마도 비슷한 방법으로 아이의 주의를 딴 데로 돌린다. 율리아는 초등학교 2학년인 여자아이로 심한 분리불안 증세를 보인다. 율리아네 집은 교외에 있어서 엄마가 아이를 매일 아침 차에 태워 학교까지 데려다 주는데 학교로 가는 차 안에서 엄마는 아이와 놀이를 하면서 아이의 주의를 딴 데로 돌린다. 아이에게 가장 우스꽝스럽게 생긴 괴물을 상상해 보라고 하기도 하고 놀이공원에서 제일 재미있는 것이 무엇이라고 생각하는지 묻기도 하며 어떤 날은 지나가는 자동차 가운데 빨간 자동차 혹은 파란 자동차를 찾으라고 하기도 한다.

특히 불안감을 불러일으키는 상황에 처하면 패닉 상태에 빠지기 쉬운 아이들에게 이 주의 분산 방법이 효과가 있는 것으로 판명되었다. 아이가 딴생각을 하도록 유도하는 데에는 여러 가지 방법이 있다.

▶ 수학을 좋아하는 아이에게는 50부터 혹은 100부터 8씩 빼 나가라고 한다.

▶ 초콜릿 가게에 가서 살 수 있는 온갖 종류의 초콜릿을 떠올려 보라고 한다.

▶ 장난감 가게에서 열 가지를 살 수 있다면 무얼 고를 것인지 생각해 보라고 한다.

▶ 이상하게 생긴 괴물(돼지 머리에 악어 몸통을 하고 다리는 쥐처럼 생겼다든지…)을 상상해 보라고 한다.

▶ 돌아오는 방학에 또는 할아버지 댁에 놀러 가면 무얼 하고 싶은지 물어본다.

아이가 두려워하는 상황을 앞두고 있을 때 위에서 든 예에 따라 아이에게 리스트를 작성해 보라고 한다. 약간의 유머와 상상력을 곁들인 재미난 게임을 통해 아이의 주의를 다른 데로 돌릴 수 있다.

주의 분산 방법을 썼는데도 불구하고 아이가 계속 불안한 생각을 떨치지 못하거나 혹은 불안하게 만드는 상황을 지나치게 위협적으로 받아들일 경우 이 방법만으로는 충분하지 않다. 그럴 경우는 아이의 생각을 변화시켜야 한다.

생각을 바꾸면 두려움도 사라진다

특정 상황에서 아이로 하여금 불안감을 갖게 하는 생각을 변화시키는 데에는 여러 가지 방법이 있을 수 있다. 그 가운데 어떤 방법이 아이에게 가장 효과적인가를 결정하기 전에 반드시 고려해야 할 점이 있다. 그것은 바로 아이의 생각을 변화시키기 위해서 사용하는 방법이 무엇이든지 반드시 지켜야 할 원칙이 몇 가지 있다는 점이다. 아이가 갖고 있는 불안한 생각은 아이에게는 무척 내밀한 영역일 뿐만 아니라 종종 자신이 수치스럽게 여기는 문제다. 따라서 이 문제에 관한 한 아이의 개인적인 비밀을 존중해 주는 것은 매우 중요하다.

이 문제로 아이와 대화를 나눌 때에는 반드시 아이와 둘이서만 이야기를 나누어야 하며 아이의 분명한 동의가 있기 전에는 대화 내용을 다른 가족에게 옮기지 않는다. 그리고 대화에 충분한 시간을 할애해야 하며 대화가 방해받지 않도록 유의한다. 고학년 아이의 경우 불안한 생각을 변화시키는 데 도움이 되는 방법을 설명해 주거나 관련 서적을 읽게 한 후 혼자서 연습해 보라고 하는 것도 좋다.

어떤 경우에나 아이가 하는 말을 주의 깊게 들어 주는 일은 대단히 중요하다. 아이의 말은 반드시 진지하게 받아들여야 한다. 왜냐 하면 아이가 지나치게 심한 반응을 보이는 것 같긴 해도 아이에게 그 불안은 실제로 존재하는 것이기 때문이다. 그러므로 "아니, 그걸 두려워한다고? 그건 하나도 위험하지 않은데! 두려워할 필요 전혀 없어!" 하는 식의 충고는 아무런 도움이 되지 않는다. 아이가 무언가를 두려워한다고 고백했을 때 "그렇게 겁이 난다니,

정말 힘들겠구나. 하지만 너한테 도움이 되는 방법이 있단다." 하
는 것이 훨씬 더 나은 반응이다.

아이의 말을 재촉하지 않으면서도 대화 시간을 적당히(예를 들어
아이가 학교에서 불안감을 심하게 느꼈던 날이라면 귀가 후에 15분 정도로)
제한하는 것이 바람직하다. 나머지 시간에는 아이가 자발적으로
그 문제에 대하여 얘기하고 싶어하지 않는 한 그것을 언급하지 않
는다. 집안 분위기가 아이의 불안 때문에 침체되는 것은 좋지 않
다. 아이의 문제에 대하여 캐묻는 대신에 아이와 함께 나들이를
하거나 재미있는 시간을 보내는 것은 아이의 불안감을 누그러뜨
리는 데 무척 중요하다.

부모가 아무리 원해도 부모에게 자기의 불안을 터놓고 의논하지
못하는 아이들도 있고 그렇게 할 의사가 없는 아이들도 있다. 그
럴 경우 이를 개인적인 실패로 받아들이는 일 없이 아이에게 전문
가의 도움을 주선한다.

다음에 소개할 방법들이 모든 아이들에게 적합한 것은 아니다.
일단 이 방법들을 사용할 경우에는 먼저 아이의 연령에 맞추어 간
단한 설명을 해 줄 필요가 있다. 그리고 한 가지 방법을 선택해 충
분한 연습을 거친 후 실제로 많이 행해 보고 난 다음에 다른 방법
에 도전하는 것이 좋다.

| 불안감을 갖게 하는 생각을 변화시키는 한 가지 방법은 긍정적 사고다 | 긍정적 사고는 불안감을 조장하는 상황에서 용기를 주고 다른 생각을 할 수 있게 함으로써 그 상황을 잘 넘기도록 도와준다. '실수를 하는 것이 불쾌한 일이긴 하지만 나쁜 일은 아니야. 난 할 수 있어!'라고 생각할 때가 '어떡하지, 하나라도 실수하는 날엔 완전 망치는 거야!'라고 생각할 때보다 더 침착하게 그 상황을 해결하도록 해 준다.

레나(10세)의 엄마는 딸이 무엇을 두려워하는지 알아내는 데 오랜 시간이 걸렸다. 그렇게 되기까지 그녀는 딸과 여러 차례 대화를 나누었다. 레나가 말할 마음이 내키지 않을 때는 조용히 기다려 주었다. 레나는 자기의 걱정과 두려움을 엄마가 진지하게 받아들이고 주의 깊게 들어주리라는 것을 깨닫자 엄마한테 모든 걱정거리를 털어놓았다.

레나는 학교에서 열등생이 될까 봐 두려워한다. 선생님이 질문을 하거나 시험을 볼 때 모르는 것이 있으면 어떻게 하나 항상 걱정이다. 머릿속에서 '다들 나더러 멍청한 애라고 할 거야. 어쩌면 유급(독일에서는 성적이 무척 나쁜 경우 그 학년을 다시 다녀야 한다. 그리고 두 차례 유급하면 그 학교를 떠나야 한다 : 옮긴이)할지도 몰라.' 하는 불안한 생각이 떠나지 않는다. 사실 학교 성적을 놓고 보면 레나는 우등생에 속하는데도 그런 불안에 시달리고 있는 것이다.

레나는 엄마와 함께 종이 왼쪽 칸에 자기를 괴롭히는 생각들을 모두 적는다. 두 사람은 이 생각들에 '괴로운 생각들'이라는 이름을 붙인다. 그리고 종이 오른쪽 칸에는 그 생각들과 반대되는 '현명한 생각'을 써 넣는다.

다음날 아침 식탁에 앉은 레나는 그날 학교에서 치를 수학 시험을 생각하니 엄마와 함께 작성한 표에도 불구하고 불안감이 시시각각 커지는 것을 느낀다. 자기도 모르게 계속 안 좋은 생각만 하고 있는 것을 깨닫자 레나는 마음속으로 외친다. '그만! 오늘 시험 잘 볼 거야. 최선을 다하는 거야. 그걸로 충분해!' 레나가 두 눈을 꼭 감고 스스로 용기를 내는 모습을 지켜보는 엄마는 미소를 짓는다. 엄마는 레나가 수학 시험에 대한 불안감(공포)을 극복하려고 애쓴다는 것을 알고 있다.

괴로운 생각	현명한 생각
✦ 실수하는 건 끔찍한 일이야. ✦ 도저히 학교에 못 갈 것 같아. ✦ 정말 못 견디겠어. 집에 가고 싶어. 좀 있으면 틀림없이 또 배가 아프거나 머리가 아플 거야.	✦ 실수하는 건 그렇게 나쁜 일은 아니야! ✦ 난 해낼 거야. 난 강해! ✦ 시험 생각은 아예 안 하는 게 좋아. 억지로 다른 생각을 해야겠다. 다음에 할아버지 할머니 댁에 놀러가서 뭐 할까? 할아버지한테 연을 만들자고 해야지.

아이에게 고통을 주는 '괴로운 생각들'의 정체를 밝히는 일은 때로 무척 힘들다. 아이가 그런 생각들을 의식하고 표현하기가 매우 어렵기 때문이다. 따라서 아이가 무엇을 두려워하는지 정확한 판단을 내리려면 두려운 상황으로부터 최대한 짧은 시간 내에 아이의 생각을 표현하게 해야 한다. 아이가 두려웠던 상황을 경험한 직후 또는 견디기 힘들 것이라고 여겨지는 상황이 발생하기 직전에 머릿속에 떠오르는 생각들을 적어 보라고 하는 것이 좋다. 저학년 아이들의 경우 자기가 스트레스를 받았던 상황에서 생각했던 것들을 기억하지 못하는 일이 많다. 그럴 때에는 그 전후에 기억에 남는 생각들이 무엇이었는지 묻는다.

모든 '괴로운 생각'에는 그에 대응하는 긍정적인 생각이 있게 마련이다. 긍정적인 생각에 속하는 것들은…

▶ 긍정적인 확신

'난 강해!' '난 해낼 거야!' '난 할 수 있어!'

▶ 마음을 진정시키는 생각

'난 침착하게 있을 수 있어!' '오늘 오후에는 편안하게 자리 잡고 앉아서 가장 좋아하는 드라마를 봐야겠다. 그럼 긴장이 풀릴 거야!'

▶ 현실적인 생각

'유령은 없어!' '완벽할 필요는 없어. 최선을 다 하면 그걸로 족해!'

가장 효과적인 방법은 불안감이 느껴지기 시작하는 시점에 긍정적인 자기암시를 하는 것이다. 그 시점에서는 아이가 마음속으로 크게 '그만!' 하고 외치는 것이 좋다. 그렇게 함으로써 아이를 불안하게 만드는 생각이 순간적으로 멈추면서 아이의 마음속에 다른 긍정적인 생각이 작용하기 시작한다.

생각을 바꾸는 것은 결코 간단한 일이 아니다. 자기에게 떠오른 생각을 제대로 표현하지 못하는 어린아이들에게는 특히 더 어렵다. 바로 이런 이유에서 페터는 두려운 상황에서 무슨 생각을 하느냐는 질문에 매번 아무 생각도 안 한다고 대답하는 것이다. 아무 생각도 하지 않는다는 아이에게 긍정적인 생각을 하라는 요구는 효과가 있을 리 없다. 그런 경우 아이가 보고 배울 수 있는 행동을 본보기로 보임으로써 아이에게 도움이 되는 일이 종종 있다.

| 직접 본보기를 보이는 것은 아이들에게 도움이 된다 | 아이들은 어른들의 행동을 일반적인 지침으로 삼는 것만은 아니다. 어른들이 곤란한 상황에 처했을 때 구체적으로 어떻게 행동하는지 또한 아이들에게는 관찰의 대상이다.

안드레의 아빠는 교통 체증 때문에 꼼짝도 못하게 되자 안드레를 돌아보며 큰 소리로 말한다. "가끔은 이런 일도 일어나는 거지. 안달한다고 해결될 것도 아닌데 아빠랑 수수께끼 놀이나 할까?"

타베아의 엄마는 들고 있던 밀가루 봉지를 부엌 바닥에 떨어뜨리고 나서는
소리내어 웃는다. "부엌이 온통 눈으로 덮였네. 그것도 한여름에!" 그녀는
조금도 동요하는 기색 없이 빗자루를 가져다 밀가루를 쓸어 담기 시작한다.
얀의 엄마는 시간에 쫓길 때 허둥대거나 짜증내는 일 없이 말한다. "어머나,
우리 정말 서둘러야겠다. 어떻게든 시간에 대서 갈 수 있을 거야, 그렇지?"

세 가정의 부모는 모두 실수를 저질렀을 때나 문제가 생겼을 때
혹은 불안감을 느낄 만한 상황에서 어떻게 행동하는 것이 바람직
한지 아이에게 좋은 본보기를 보이고 있다. 세 가정의 아이들은
긍정적이고 낙관적인 생각 그리고 사태를 대수롭지 않은 것으로
만드는 생각을 소리내어 표현하는 법을 배운다. 부모의 본보기를
통해 어려운 상황에 대처할 줄 알게 된 것이다. 이처럼 말로 지시
하거나 설명할 필요 없이 행동으로 직접 본보기를 보이는 것은 아
이들에게 도움이 된다.

우리 상담 치료 클리닉에서는 과잉 행동을 보이는 아이들을 15명씩 모둠을짜
서 트레이닝을 하는데 하루를 택해 팬케이크를 굽는다. 모든 아이들이 그날
을 손꼽아 기다린다. 집에서는 부엌을 난장판으로 만들까 두려워하는 부모
때문에 아이들이 부엌에 들어가 무얼 만들어 보는 일이 거의 없기 때문이다.

아이들은 팬케이크 굽는 모든 과정을 자기네끼리 알아서 해도 된다는 것을 알게 되자 더욱 더 기뻐했다. 어떤 모둠에서나 적어도 달걀 한 개는 반죽하는 데 들어가는 것이 아니라 바닥으로 떨어지는 불상사가 발생한다. 바로 이 순간이 특히 중요하다. 달걀이 바닥에 떨어지는 순간 모든 아이들의 동작은 일시에 멈춘다. 부엌 안은 갑자기 정적에 휩싸이고 아이들의 시선은 일제히 한 방향을 향한다. 어른이 있는 쪽을 바라보는 것이다. 아이들은 잔뜩 긴장한 채 언제 불호령이 떨어질지 기다린다.

아이들의 긴장은 그 자리에 있던 어른 한 명이 "괜찮다. 누구라도 그런 실수쯤은 할 수 있는걸. 치우면 되는데 걱정할 필요 없어."라고 말을 하자 비로소 사라진다. 달걀을 떨어뜨린 아이가 빗자루와 쓰레받기를 가져다 바닥의 깨진 달걀을 쓸어 담는다. 우리 경험상 보통 아이들 가운데 3분의 1이 달걀을 쓰레기통에 넣고 나머지 3분의 2는 다행스럽게도 케익 반죽 안에 넣는다!

우리 트레이닝에 참가한 아이들은 실수가 끔찍한 일이 아니라는 것을 배웠다. 가정에서 본보기를 보임으로써 아이가 곤란한 상황에 처했을 때 당황하지 않고 낙관적으로 생각할 수 있도록 이끄는 것은 부모의 책임이다. 그리고 부모가 그런 역할을 성공적으로 수행하기 위해서는 단지 침착하고 자신감 있는 태도로 행동하는 데 그칠 것이 아니라 '힘든' 상황에서 타베아의 엄마나 안드레의 아빠가 했던 것처럼 자기 생각을 소리 내어 말하는 것이 좋다.

| 현명한 생각과 어리석은 생각! | 저학년 아이들은 보통 긍정적인 생각
이나 주의 분산 또는 부모가 본보기를 보이는 방법 등이 효과적이
다. 그러나 고학년 아이들의 경우 아이가 힘들어하는 상황에 대하
여 함께 대화를 나눔으로써 원인을 밝힐 필요가 있다.

헬게(12세)는 심한 시험공포증에 시달리고 있다. 학교 성적이 나쁠까 봐 걱
정이 태산이다. 아이의 성적은 중간 정도다. 헬게는 과목별로 수시로 보는
시험들이 너무 부담스럽다. 시험을 보게 될 때마다 헬게에게는 자꾸 부정
적인 생각만 떠오른다. '분명히 이번 시험 망칠 거야.' '아마도 선생님은 내
가 모르는 것만 시험에 낼 것 같아.' '이러다간 유급하고 말 텐데 그럼 얼
마나 창피할까!' 아니면 '계속 안 좋은 점수를 받으면 부모님이 얼마나 실
망하실까!'

헬게가 엄마에게 시험을 못 볼까 봐 걱정이라고 말하면 엄마는 "넌 잘 할
수 있어. 엄마는 널 믿어!"라고 말하면서 아이에게 어떻게든 긍정적인 생각
을 심어 주려고 노력한다. 그러나 유감스럽게도 엄마의 격려는 헬게에게
아무런 도움이 되지 않는다. 아이는 오히려 엄마가 자기 처지를 전혀 이해
하지 못하고 있다고 원망한다. 성적이 나쁘면 유급하는 사람은 엄마가 아
니라 자기고 그것이 얼마나 얼마나 창피한 일인지 엄마는 짐작도 못한다고
비난하는 것이다.

헬게가 두려워하는 일은 실제로 충분히 일어날 수 있다. 어쩌면 그는 시험을 잘 보지 못할 수도 있고 하필이면 그가 공부하지 않은 것이 출제될 수도 있으며 심지어는 유급을 하게 될지도 모른다. 헬게는 그런 일이 실제로 일어날 가능성이 있다고 생각하기 때문에 자기 고민을 엄마가 제대로 이해하지 못한다고 비난하는 것이다.

그러나 헬게가 한 가지 잘못 판단하고 있는 것이 있다. 부정적인 일이 일어날 가능성을 실제 이상으로 과대평가하고 있는 것이다. 그는 자기에게 닥칠 최악의 사태들만 생각한다. 그에게 필요한 것은 그런 최악의 사태들이 실제로 발생할 가능성을 냉정하게 판단하는 일이다. 헬게는 그가 치를 시험의 여건과 그에 따른 결과를 좀 더 현실적으로 판단할 필요가 있다. 그리고 독자적인 판단을 통해 자신의 두려움이 실패 가능성을 과대평가한 결과라는 사실을 깨달아야 한다.

다음에 소개되는 '상황 평가 문답법'은 자신이 두려워하는 일이 실제로 발생할 가능성을 좀 더 현실적으로 판단하는 데 도움이 될 수 있다. 아이에게 어떤 상황에서 무슨 일이 일어날 것이라고 두려워하는지 스스로, 저학년 아이의 경우는 부모의 도움을 받아 질문과 대답을 적어 보라고 한다. 그 아래에는 아이가 두려워하는 일이 실제로 일어났던 경우와 그렇지 않았던 경우를 적게 한다.

상황 평가 문답법

✤ 내가 두려워하는 것은 무엇인가?	엄마한테 무슨 일이 생겼을지도 모른다.
✤ 그럴 때 나는 무슨 생각을 하나?	엄마는 분명히 사고를 당했거나 강도를 만났을 것이다.
✤ 나는 무슨 일이 일어날까 봐 두려워하나?	엄마는 크게 다쳤거나 아니면 날 두고 죽었을지도 모른다.
✤ 내가 두려워하는 일이 실제로 일어날 가능성은 얼마나 되나? (0-10)	5
✤ 내가 두려워하는 일이 일어났을 것이라고 생각하는 근거는 무엇인가?	엄마가 아직 나를 데리러 오지 않았다. 다른 때는 항상 시간 맞춰 오는데.
✤ 엄마가 조금 늦게 데리러 왔을 때 내가 두려워했던 일이 실제로 일어났던 경우가 몇 번이나 있었나?	한 번도 없었다. 엄마는 장 보러 갔다가 아니면 미장원에 들렀다가 오느라 조금 늦을 뿐이다.
✤ 엄마가 조금 늦게 데리러 왔을 때 내가 두려워했던 일이 실제로 일이나지 않았던 경우는 몇 번이나 있었나?	항상
✤ 내가 두려워하는 일이 다른 아이들에게 일어났던 경우는 몇 번이나 있었나?	레나의 엄마가 얼마 전에 큰 사고를 당했다.
✤ 레나의 엄마는 어떻게 될까?	아마도 병원에 입원하고 몇 주간 깁스를 해야 할 것이다.
✤ 내가 두려워하는 일이 일어나지 않았다면 무슨 일이 일어났을까?	엄마는 아무런 사고도 당하지 않았을 것이다.
✤ 내가 두려워하는 일이 실제로 일어날 가능성은 얼마나 되나? (0-100)	10
✤ 어떻게 생각하면 마음이 편안해질까?	엄마는 금방 날 데리러 올 거야. 항상 그랬는걸.

안드레아(9세)는 교외에 산다. 그래서 엄마가 매일 방과 후에 학교로 데리러 오는데 엄마가 몇 분이라도 늦으면 안드레아는 쉽게 패닉 상태에 빠진다. 아이는 엄마한테 일어났을지도 모를 온갖 나쁜 일을 상상한다. 교통사고를 당했거나 강도를 만났거나 아니면 갑자기 중병에 걸렸거나. 그럼 엄마는 죽게 될 테고 자기는 어쩌면 고아원에 가게 될지도 모른다. 안드레아의 아빠는 안드레아와 함께 '상황 평가 문답법'(172쪽 참고)을 실시해 보기로 한다.

쉽게 불안해하는 아이들은 최악의 사태가 발생할 것이라고 두려워하는 일이 많다. 그런 아이들은 불안감을 불러일으키는 상황에서 종종 '전부 아니면 전무'라는 식의 생각을 한다. 그래서 자기가 부모의 높은 기대를 만족시키지 못할 것이라고 생각할 때에는 뚜렷한 시험공포증을 보인다. 수업 시간에 교사의 질문에 대답하지 못할 때 그 아이들은 그것을 '있을 수도 있는 일'이 아니라 '대단히 큰 비극'으로 받아들인다. '정말 끔찍해. 나한테 일어날 수 있는 최악의 일이야!'라고 생각하는 것이다.

| '걱정 타임'은 걸핏하면 걱정을 하는 아이들에게 적합하다 | 하루에 10분씩 시간을 정해 걱정을 하는 방법이다. 이 10분 동안 아이에게 마음껏 걱정해도 된다고 말한다. 걱정거리를 종이에 적거나 그림으로 표현하거나 혹은 녹음기에 대고 말하게 하는 것도 좋은 방법이다.

그리고 이 시간을 제외한 나머지 시간은 걱정 타임이 아니라는 것을 분명히 한다. 심리학자들은 이런 방법을 '역설적 개입(치료 목적을 위해 변화하지 말고 증상을 계속 유지하라고 요구하여 치료 대상자가 저항하도록 유도함으로써 스스로 변화하도록 돕는 방법 : 옮긴이)'이라고 부른다.

이 방법은 아이가 원칙적으로는 하지 말아야 할 일을 하라고 의식적으로 권유하는 것이다. 놀랍게도 이렇게 하면 아이의 불안이 오히려 통제 가능한 것으로 바뀌는 경우가 종종 있다. 아이는 이제 수시로 엄습하는 불안에 의한 걱정거리에 무방비 상태로 시달리는 대신 '걱정 타임'을 통해 의식적으로 그리고 집중적으로 걱정한 다음 일정 시간이 지나면 그것을 털어 버리려 애쓴다. 더 이상 불안에 시달리지 않고 스스로 불안을 지배하는 법을 배우려고 노력하는 것이다!

걱정 타임 방법을 쓸 때는 재미있는 게임을 하듯이 해야 한다.

▶ 아이와 함께 아이의 걱정에 이름을 붙여 주는 것이 좋다. 우리 상담 클리닉을 방문했던 어떤 아이는 자기 걱정을 '겁쟁이 카를로'라고 불렀다. 또 한 아이는 밤이면 성에 나타나 돌아다니는 도깨비불이 나오는 이야기를 읽은 적이 있는데 자기 걱정이 그 도깨비불처럼 느닷없이 불쑥 찾아온다고 '도깨비불'이라고 불렀다.

불안에 이름을 붙이면 아이가 좀 더 쉽게 불안으로부터 거리를 둘 수 있다.

더 이상 "나 또 불안했어!"라고 말할 필요없이 "카를로가 또 왔었어."라고 하면 된다. 달라진 표현을 통해 우리는 무언가 달라졌음을 알 수 있다. 불안은 아이에게 속한 것이 아니라 그 자체로 존재하는 것이 되었다는 사실이다. 이제 아이는 부모와 함께 혹은 혼자 힘으로 '도깨비불'이나 '카를로'를 상대할 준비가 되었다.

▶ '걱정 타임'을 일정한 생활 습관의 하나로 유지해야 한다. 따라서 늘 거의 같은 시각에 실행해야 한다. 예를 들면 저녁 식사 전이나 숙제하기 전이 적절하다.

▶ 아이가 걱정을 말로 표현하는 것 외에 다른 방법을 사용할 수도 있다. 어떤 아이들은 그림으로 나타내는 것을 선호하기도 하며 특히 카세트 녹음기에 녹음하는 것은 아이들이 무척 좋아하는 방법이다. 어떤 엄마는 자기 아들이 마치 기상뉴스를 전하는 아나운서처럼 말한다고 하면서 아이의 '걱정 타임'을 들려주었다.

"여러분, 안녕하십니까. 매일 오후 프로그램인 '걱정 타임'입니다. 화요일인 내일 수영 시험이 실시될 예정인데 아마도 머리 셋 달린 불안 괴물의 출현이 예상됩니다. 오늘 방송에서는 이 불안 괴물을 물리치는 방법에 관하여 다루어질 것이며 수요일 방송에서는 괴물 퇴치에 성공하였는지의 여부가 보도될 것입니다…"

불안을 덜어 주는 간단하면서도 효과적인 스포츠 활동

지속적인 불안은 신체적으로 흥분의 수위를 높이는 작용을 한다. 그럴 때 스포츠는 체내에 쌓인 에너지를 배출하게 함으로써 균형을 유지하게 해 주는 최상의 도구다. 따라서 스포츠는 불안을 경감시키는 데 가장 간단하면서도 효과적인 방법 중 하나라고 하겠다. 맥박수를 일정 시간(적어도 20분 이상이 가장 좋다) 높이는 운동이 흥분의 수위를 떨어뜨리는 데 특히 바람직하다.

쉽게 불안을 느끼는 아이들에게 가장 좋은 방법은 클럽에 가입하여 스포츠 활동을 하는 것이다. 클럽에 가입하면 친구를 사귈 수 있기 때문이다. 그리고 스포츠 활동은 아이에게 성취의 기쁨을 경험할 기회를 제공한다는 점에서도 유익하다. 테니스를 하거나 축구를 하는 아이에게 시합에서 이길 기회란 언제라도 있게 마련이다.

파트릭은 태권도를 배우는데 띠를 새로 받을 때마다 무척 자랑스러워한다. 태권도 연습, 한 단계씩 올라갈 때마다 띠를 새로 따는 경험 그리고 다른 아이들과의 교류를 통해 파트릭의 자신감은 점점 강해진다.

마음을 진정시켜 주는 호흡법

불안을 느낄 때 가슴이 두근거리고 숨이 가쁘며 근육이 긴장한다는 것은 아이들도 알고 있다. 마음을 진정시키는 고른 호흡법을 통해 우리는 스스로에게 사실상 두려워할 것은 아무것도 없다고 자기암시를 할 수 있다.

| 심호흡 | 두려움을 불러일으키는 상황에 처했을 때 우리는 의식적으로 긴장을 풀고 심호흡을 함으로써 불안으로 인한 육체적 반응을 조절할 수 있다. 다음에 소개하는 호흡법은 아이들과 함께 해 볼 수 있는 간단한 것이다. 이 호흡법을 실제로 연습해 보면 몸에서 서서히 긴장이 풀리는 것을 느끼게 될 것이다.

▶ 처음 연습할 때는 바닥에 부드러운 깔개를 깔고 드러눕는 것이 좋다. 배가 가슴보다 높이 솟아오를 만큼 뱃속으로 숨을 깊이 들이쉰다. 그 다음 숨을 멈추고 셋까지 센 후 내쉬기 시작한다.

▶ 잠자고 있는 갓난아기를 관찰한 사람이라면 갓난아기가 실제로 위에서 말한 방법대로 호흡하고 있음을 발견할 것이다. 쉽게 불안해하는 아이들은 간단한 방법으로 갓난아기의 호흡법을 연습할 수 있다.

▶ 갓난아기의 심호흡을 연습하려면 처음 몇 번은 배 위에 책을 올려놓고 숨을 들이쉴 때 책이 올라가고 내쉴 때 책이 내려가는지 관찰한다. 어느 정도 되었다고 생각되면 한 손은 배 위에, 다른 손은 가슴 위에 올린 채 심호흡을 한다. 배가 가슴보다 많이 움직이면 올바르게 호흡하고 있는 것이다.

아이에게 심호흡하는 법을 가르치기 전에 직접 몇 차례 연습해 보는 것이 좋다. 그리고 왜 이 호흡법이 도움이 되는지 그리고 어떻게 하는 것인지 설명할 필요가 있다. 어린아이들은 어떤 것이든 이야기와 연관된 것을 좋아한다. 이럴 때 상상력이 요구된다. 다음에 나오는 이야기는 단지 예에 불과하며 가장 좋은 이야기는 아이와 개인적으로 관련된 이야기를 직접 지어내는 것이다.

"네가 가장 좋아하는 색깔의 풍선을 가지고 있다고 상상해 보렴.

이제 코로 공기를 자아안뜩 들이쉬어 봐.

그 다음에 그 풍선을 불어 하늘 높이 띄워 보내는 거야.

풍선은 하늘 저 멀리로 날아 올라가. 하늘 높이 구름을 따라 날아가는 풍선이 보이지? 하늘에서 풍선이 천천히 움직이는 것처럼 그렇게 너도 천천히 숨을 들이쉬는 거야. 뱃속에 공기가 가득 차도록.

이제 두 번째 풍선을 집어서 분 다음에 하늘로 날려 보내렴. 아까 날려 보낸 풍선이 있는 곳으로 날아가는 게 보이지?"

가끔 아이가 어지럼증을 호소할 수도 있는데 이는 숨을 들이쉬고 내쉬는 과정을 너무 빨리 진행했기 때문이다. 입으로 불어서 만드는 공기 매트리스 구멍에 입을 대고 너무 빨리 공기를 불어넣었을 때에도 이런 증상이 나타날 수 있다는 것을 경험이 있는 사람이라면 누구나 알 것이다. 그러므로 무엇보다도 중요한 것은 천천히 숨을 들이쉬고 내쉬어야 한다는 점이다.

누워서 하는 심호흡을 충분히 연습한 후에는 앉아서 그리고 서서 심호흡을 할 수 있도록 훈련시킨다. 그래야만 학교에서 의자에 앉아 있거나 교실 문 앞 혹은 칠판 앞에 서 있거나에 상관없이 어떤 상황에서든 필요할 때 천천히 동요 없이 호흡할 수 있을 것이다.

호흡법과 병행하여 긴장 해소 연습도 불안을 경감시키는 데 효과가 있다. 이에 관해서는 이후에(241~246쪽 참고) 다시 자세히 다루어질 것이다.

:: 진정제 복용은 일시적 처방일 뿐

학교공포증 혹은 시험공포증에 대처하는 흔한 방법 가운데 하나로 이이를 환자 취급하는 경우를 볼 수 있다. 이 경우 아이가 게으르거나 관심이 없다고 보는 대신 질병의 희생자라고 전제한다. 아이는 환자이므로 아이의 나쁜 성적이나 잦은 결석 혹은 등교 거부는 아이 탓이 아니다. 이런 관점에서 학교공포증과 시험공포증에 대처하기 위하여 아이에게 약을 복용시키는 것이다.

불안 증세를 보이는 자녀를 둔 부모는 아이에게 '해가 없는' 약을 건네고 싶은 유혹에 쉽게 빠진다. 약을 먹으면 아이의 불안이 순간적으로 줄어들어 학교에서 지내는 것이 좀더 수월해지리라는 기대 때문이다. 특히 시험 전에는 진정제를 복용하는 일이 상당히 많다. 그러나 장기적으로 보았을 때 진정제 복용은 유감스럽게도 실질적으로 불안을 해결하는 것이 아니다. 아이가 배운 것은 그저 자기가 힘들거나 불안을 느낄 때 진정제를 삼키면 된다는 사실뿐이다. 언젠가 읽은 책에서 우리는 현재 교사는 프로작(우울증에 대한 처방약)을, 학생은 리탈린(향정신성 진정제)을 복용하는 사회에 살고 있다는 농담조의 문구를 본 적이 있다. 어떤 농담에나 일말의 진실이 담겨 있다. 실제로 학교에서 받는 스트레스와 불안 때문에 의사를 찾는 아이들의 수는 해마다 늘어나고 있는 실정이다.

시험공포증이나 학교공포증이 있는 아이들에게 약을 복용하도록 하는 것은 장기적으로 볼 때 사실 문제가 있다. 약을 복용할 때는 증세가 일시적으로 호전되는 것처럼 보여도 아이의 학습 태도나 학교에서의 상황은 전혀 달라지지 않기 때문이다. 앞에서도 말했듯이 이 방법은 아이의 증세를 일종의 병으로 간주하는 것을 전제로 하는 방법이다.

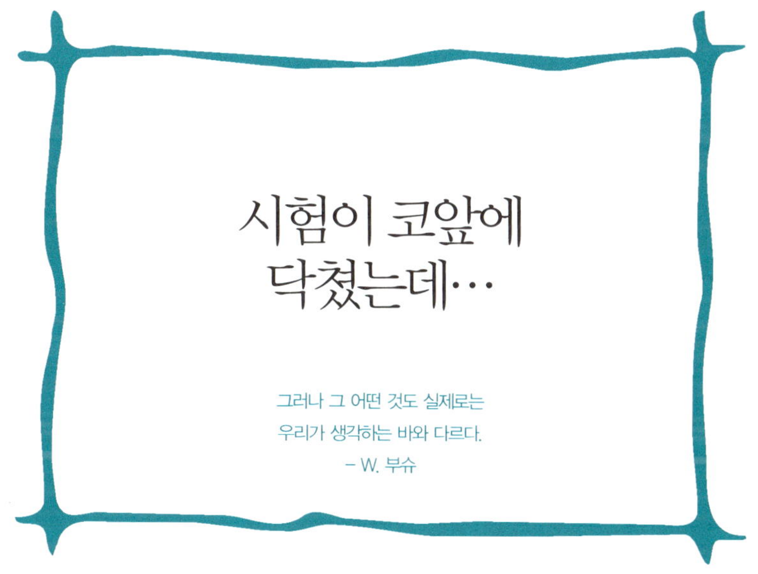

: : 망고나무 아래 토끼 한 마리

시험 일정이 정해지면 보통 학생들 사이에 패닉 상태에 가까운 분위기가 생겨난다. 많은 학생들이 말 그대로 패닉 상태를 조장하며 다른 아이들은 그 영향을 심하게 받는다. 시험 준비를 많이 한 학생일수록 그리고 성적이 좋은 학생일수록 오히려 학생들 사이에 심한 동요를 불러일으키는 것으로 보인다.

다른 아이들에 비해서 더 쉽게 불안감을 느끼는 아이들에게 시험 전의 상황은 그야말로 고통스럽다. 점점 커지는 불안과 함께 아이들이 받는 스트레스는 더 심해진다. 이 상황에서 첫 번째로 명심할 것은 결코 냉정을 잃어서는 안 된다는 점이다. 누가 무슨 말을 하든 그 말을 생각 없이 받아들이거나 그 말에 지나친 반응을 보여서는 안 된다! 불안하게 만드는 소문들을 그대로 믿어서는 안 되며 침착하게 따져 보아야 한다!

옛날에 토끼 한 마리가 잠을 자려고 망고나무 아래 누웠다. 그런데 갑자기 "쿵!" 하는 소리가 났다. 깜짝 놀란 토끼는 세상의 종말이 왔다고 생각하고 정신없이 달리기 시작했다. 급히 달려가는 토끼를 본 다른 토끼들이 도대체 왜 그렇게 정신없이 달려가는지 물었다.

"세상이 무너지고 있어!"

첫 번째 토끼의 대답을 들은 다른 토끼들도 그를 따라 도망치기 시작했다. 사슴들이 달려가는 토끼들을 보자 왜 그렇게 빨리 달리는지 물었다. 토끼들이 대답했다.

"세상이 무너진대!"

그 대답을 들은 사슴들도 토끼들을 따라 달리기 시작했다. 그렇게 동물들이 하나 둘 대열에 합류하게 되자 모든 동물이 정신없이 도망치는 사태에 이르렀다.

상황이 계속 그렇게 진행되었더라면 모든 동물이 몰살했을 것이다.

오직 나이 든 현명한 거북 한 마리만이 주변의 소란에도 전혀 동요하지 않았다. 동물들이 공포에 사로잡혀 정신없이 도망치는 모습을 본 그 거북은 대열의 마지막에 있던 동물들에게 왜 그렇게 빨리 달아나고 있는지 물었다. 질문을 받은 동물들이 소리쳤다. "세상이 무너진대요!"

거북은 침착하게 말했다. "그럴 리가 없지. 세상은 아직 끝이 아니야. 도대체 왜 다들 그렇게 생각하는지 알아봐야겠군."

거북은 대열의 끝에서부터 거슬러 올라가며 동물들에게 차례로 왜 세상이 끝난다고 생각하는지 물었다. 와전된 소문의 진원지를 찾아 대열의 앞쪽까지 질문을 계속하던 거북은 결국 사슴들을 거쳐 토끼들의 행렬에 이르렀다. 토끼들이 거북에게 세상의 종말이 닥쳐서 도망치고 있는 중이라고 대답하자 거북은 어떤 토끼가 그런 말을 했는지 물었다. 토끼들이 첫 번째 토끼를 지목하자 현명한 거북은 그 토끼를 향해 물었다. "세상이 끝난다고 생각했을 때 너는 어디서 무얼 하고 있었느냐?"

토끼가 대답했다. "망고나무 아래 누워 잠자고 있었는데요."

거북은 조용히 설명했다.

"아마도 네가 잠결에 망고 열매 떨어지는 소리를 들은 것 같구나. 열매가 땅에 떨어지면서 큰 소리가 나자 잠이 깼을 테지. 그래서 세상이 무너진다는 생각을 하고 겁에 질렸을 게다. 네가 누워 있었던 그 자리에 가 보자. 그럼 내 짐작이 맞는지 알 수 있겠지."

그들은 함께 토끼가 누워 있었던 장소에 가 보았다. 과연 망고나무 아래에는 토끼가 잠들어 있었던 바로 그 자리에 망고 열매 하나가 떨어져 있었다. 현명한 거북 덕분에 동물들은 떼죽음의 위험에서 벗어날 수 있었다.

: : 시험도 일상생활의 일부

쪽지시험에서부터 과목별 시험, 중간고사와 기말고사에 이르기까지 크고 작은 온갖 종류의 시험은 학교에 다니는 모든 아이들의 일상생활을 이루는 한 부분이다. 물론 시험을 치르는 일에 관한 한 아주 여유 있게 대처하는 아이들도 적지 않다. 여기에 속하는 아이들은 마치 자기 실력을 발휘할 기회를 고대하는 것처럼 보인다.

반면에 시험 도중에 혹은 시험 생각을 하기만 해도 불안감에 사로잡힌 나머지 이마에는 구슬땀이 맺히고 손바닥은 식은땀으로 축축해지며 호흡이 가빠지는 아이들도 있다. 이 아이들은 대체로 몸 상태가 좋지 않다고 느낀다. 학창 시절 수시로 치러야 했던 그 많은 시험들은 아직까지도 내 기억 속에 지긋지긋한 경험으로 남아 있다. 아비투어에 합격한 후 가장 기뻤던 것은 더 이상 시도때도 없이 치르는 과목별 시험을 보지 않아도 된다는 사실이었다.

아이들에게 불안감을 느끼게 하고 이마에 식은땀이 맺히게 하는 것은 단지 시험 상황만이 아니다. 많은 아이들이 손님으로 붐비는 식당에서 화장실에 가는 것을 무척 꺼린다. 사람들로 꽉 찬 장소에서 화장실에 가려면 사람들의 시선이 집중될 것이라고 생각하기 때문이다. 그런 상황 자체가 충분히 불안감을 느끼게 할 수 있다.

이 책을 읽는다고 해서 아이들이 시험 보는 것을 환영하게 된다거나 두려움이 전혀 없이 시험에 임하게 되는 것은 아니다. 그렇게 될 수도 없을 뿐더러 설령 그렇게 될 수 있다손 쳐도 그것은 결코 바람직하지 않다. 두려움이 없다면 시험 상황을 가볍게 생각하게 되고 그렇게 되면 노력도 덜 하게 될 것이다. 그리고 그 결과 받게 될 성적은 당연히 그다지 좋지 않을 것이다.

이 책에서 다루어질 내용은 아이들이 시험을 고대하게 만드는 것은 아닐지라도 적어도 순간적으로 사고가 마비된다거나 심한 불안에 사로잡히게 되는 일을 막는 데는 도움이 될 것이다. 그리고 시험공부를 열심히 했는데도 불구하고 두려움 때문에 충분히 실력 발휘를 못하는 일이 일어날 가능성을 줄이는 한편, 교사 자신이 아이들의 시험공포증을 경감시킬 수 있는 길을 모색하게 할 것이다.

부모나 교사는 아이들의 시험에 대한 불안과 학교공포증을 완화시키는 데 도움이 되고 싶다고 말한다. 그렇다면 무엇보다도 그런 증상이 보이기 시작하는 초기 단계를 놓치지 말아야 할 것이다. 아이들이 두려움을 보이기 시작하는 단계에서 적절히 대처하면 아이들의 학교공포증은 충분히 극복할 수 있다.

: : 내일 볼 시험 생각 하면 잠이 안 와요!

시험을 앞둔 학생이 어려움을 겪고 불안을 느끼는 상황은 크게 두 가지로 나누어 생각할 수 있다.

▶ 시험 준비 기간 중에

▶ 시험 시간에

많은 부모가 아래와 같은 상황을 적어도 한 번쯤은 겪었을 것이 며 심지어는 여러 차례 경험한 부모도 적지 않을 것이다.

좀 늦게 잠자리에 든 날이다. 한밤중에 무슨 소리가 들려 잠에서 깬 엄마는 소리가 점점 커지자 침실 밖으로 나온다. 딸아이 수잔나가 흐느끼는 소리 다. 엄마가 아이 방에 들어가자 수잔나는 "엄마, 도저히 잠을 잘 수가 없어 요!" 하고 울부짖는다.

엄마는 침대 가장자리에 걸터앉아 무슨 일이냐고 묻는다. 수잔나는 아무 대답이 없다. 엄마는 아이가 열이 있는지 확인하기 위해 이마를 짚어 보기 도 하고 배가 아파서 그러느냐고 묻기도 한다. 수잔나가 계속 고개를 흔들 자 엄마는 다시 한 번 묻는다. "그럼 대체 왜 그러니?"

마침내 아이가 대답한다. "자꾸만 내일 볼 시험 생각이 나서 잠이 안 와요." 아홉 살인 수잔나는 성적이 아주 뛰어난 학생으로 이제까지 한 번도 시험 때문에 문제가 있었던 적이 없었다. 시험 전에도 늘 잠을 잘 잤으며 일단 잠이 들면 중간에 깨는 일은 없었다.

엄마는 아이를 달랜다. 잘 자라고 입맞춤도 해 주고 이불도 잘 덮어 준 다 음 자기 방으로 돌아간다. 엄마는 아이가 시험 때문에 걱정이 되어서, 아니

어쩌면 시험을 망칠까 봐 겁이 나서 그런다는 생각이 든다….

다음날 치르게 될 시험 때문에 걱정이 되어서 잠이 들지 못하는 아이들이 얼마나 될까? 안타깝게도 너무나 많은 아이들이 그럴 것이다.

시험에 대한 두려움으로 고통받는 아이들의 수는 아마도 최근 들어 더욱 많아지고 있을 것이다. 왜냐 하면 최근 학교에서 실시하는 시험 횟수가 점점 더 많아지는 추세이기 때문이다.

: : 공포의 경험에서, 두려움은 상상에서

시험에 대한 두려움을 더 잘 이해하려면 두려움이 공포와 어떻게 구별되는지 분명하게 할 필요가 있다.

실제 위험에 처했을 때 느끼게 되는 공포

도시 출신의 한 대학생이 오래 전부터 야생동물을 마음껏 관찰할 수 있는 사파리 여행을 꿈꾸어 왔다. 그는 몇 년 간이나 돈을 모은 끝에 드디어 남아프리카에 있는 크뤼거 국립공원으로 떠났다.

그는 매일 다른 관광객들과 함께 지프를 타고 야생동물의 세계를 탐험했다. 그런데 사파리 여행이 나흘째 되던 날, 그의 일행이

탄 차의 엔진이 고장 났다. 그래서 그들은 몇 시간째 아프리카 초원 한복판에서 꼼짝도 못하고 그들을 데려갈 다른 차량이 도착하기만을 기다려야 했다.

그들은 뜨거운 태양을 피해 고장 난 지프 근처에 있는 나무나 덤불 아래 그늘에 몸을 숨기고 있었다. 그런데 무슨 연유에서인지 그 대학생이 일행과 떨어져 주변을 돌아다니게 되었다.

갑자기 그는 가까운 곳에 있는 언덕에서 무슨 소리가 나는 것을 들었다. 소리가 들려온 방향으로 고개를 돌리자 100미터 정도밖에 안 떨어져 있는 언덕 위에 사자 한 마리가 있는 것이 보였다. 사자는 그가 있는 것을 알아차리고 그를 향해 달려오기 시작했다.

그는 "사람 살려!" 하고 비명을 지르려 했으나 목소리가 나오지 않았다. 온 몸이 부들부들 떨리기 시작했다. 그는 도망치려고 해 보았자 아무 소용이 없으리라는 것을 알았다. 사자를 벗어날 길은 없었기 때문이다.

눈앞에 이제까지의 삶이 마치 영화의 장면들처럼 빠르게 스쳐 지나갔다. 그는 패닉 상태에 빠졌다. 사자가 점점 더 가까워지더니 그에게 달려들기 위해 풀쩍 뛰어오르는 순간 두 발의 총성이 들렸다. 사자는 바닥에 쓰러져 움직이지 않았다. 일행을 안내하던 사람이 사자에게 총을 쏜 것이었다. 사자는 바로 그의 눈앞에 죽어 있었다.

그 대학생은 기절하고 말았다.

상상력으로부터 생겨나는 두려움

바로 그 대학생이 일 년쯤 후에 거실에 편안하게 자리를 잡고 앉아 크뤼거 국립공원에 관한 다큐멘터리를 보고 있을 때의 일이다.

화면에 갑자기 사자 한 마리가 나타났다.

그는 벌벌 떨고 식은땀을 흘리기 시작했으며 그의 심장은 무섭게 빠른 속도로 벌떡거렸다. 그는 두 눈을 감을 수밖에 없었다. 온몸이 마비된 것처럼 손끝 하나 까딱할 수 없었던 그는 텔레비전을 끌 수도 없었다.

공포와 두려움의 차이점은?

공포와 두려움에 따른 육체적 반응은 무척 비슷하다. 그러나 둘 사이에는 분명한 차이점이 있다. 그 대학생이 사파리 여행에서 겪은 위험은 실재하는 것이었다. 실제로 맞닥뜨렸던 위험으로 인해 공포를 느꼈기 때문에 그가 느낀 공포는 충분한 이유가 있는 것이었다. 그러나 그가 매일 사자와 마주칠 리는 없으므로 그의 공포는 실제적인 계기가 주어질 때에만 일시적으로 발생할 것이다.

반면에 그가 집에 앉아 텔레비전을 시청하고 있었던 상황에서는 공포를 느낄 현실적인 이유는 전혀 없다. 물론 그가 크뤼거 국립공원에서 겪었던 일을 생각하면 화면에서 사자를 보았을 때 그가 느꼈을 두려움을 충분히 이해할 수 있지만 사자는 단지 텔레비전 화면에서만 존재할 뿐 그를 습격할 일말의 가능성도 없었다. 여기서 우리는 실제로 위험에 처했을 때 느끼게 되는 공포와는 달리 두려움은 우리의 상상력으로부터 생겨난 것임을 알 수 있다. 두려움은 그것을 느낄 현실적인 이유 없이 일어나며 지속적으로, 거의 만성적인 상태로 존재할 수 있을 뿐만 아니라 그 정도가 종종 극단적일 정도로 심하다.

많은 사람이 실제로는 한 번도 경험한 적이 없는 것들에 대하여 두려움을 갖고 있다. 예를 들어 한 번도 뱀을 만져 보았다거나 뱀에게 물린 적이 없는 많은 사람이 뱀을 두려워한다. 또한 승강기가 운행 도중에 멈춰 버린 일을 실제로 경험한 사람이 얼마나 되겠는가? 그런데도 많은 사람이 승강기 타는 것을 꺼린다. 어떤 형태의 두려움이든 그것들은 우리가 일상생활을 하는 데 큰 문제가 된다. 우리가 하려고 하는 일에 제약을 가져오기 때문이다. 진짜 뱀이나 사자를 피하는 일이야 그다지 어렵지 않을 수 있겠지만 학교에서 치르는 온갖 종류의 크고 작은 시험들을 피할 수는 없는 노릇이다.

정리해서 말하면 공포는 눈앞에 실제로 존재하는 대상에 대하여 일시적으로 느끼는 것이다. 공포를 느끼는 사람은 자신의 공포가 무엇 때문인지 알고 있다. 공포에 대한 반응은 그가 감지한 위험에 상응한다. 위험이 지나가면 공포 또한 사라진다. 반면에 두려움은 그것을 불러일으키는 생각에 의해서 일어난다. 그것은 상상한 위험에 대한 반응이며 종종 두려움을 느끼는 사람 자신이 자기가 왜 두려움을 느끼는지 알지 못한다. 그리고 두려움을 느끼는 사람이 생각하는 위험에 비하여 그의 두려움은 대부분 훨씬 더 크다.

: : 두려움의 다양한 얼굴들

두려움은 상상한 위험에 대한 반응이다. 그러나 두려움을 느끼는 사람 자신은 두려움을 불러일으키는 요인이 무엇인지 의식하지 못하고 있을 가능성이 높다. 따라서 두려움은 날카롭게 의식되는 감정이 아니라 막연한 감정에 더 가까우며, 두려움의 강도 또한 위험에 반드시 비례하는 것은 아니다. 두려움은 특정한 사건에 대한 반응으로 가끔 발생하는 것이 아니라 잠재적으로 항상 존재하는 것이다. 두려움은 우리 일상생활에서 큰 비중을 차지한다. 우리는 아마도 조상들에 비하여 훨씬 많은 두려움을 갖고 있을 것이다. 오늘날 우리는 경제적인 문제로 인한 두려움, 실직에 대한 두려움, 인간관계와 관련된 두려움 그리고 건강에 대한 두려움 등 다양한 형태의 두려움을 경험한다.

부모의 두려움은 보통 자녀에게 전이된다. 가정에서 부모의 본
보기를 통해 수시로 두려움에 직면하는 아이들은 학교에서도 쉽
게 두려움을 느끼는 태도를 보인다. 그리고 시험에 대한 두려움,
즉 시험공포증이 자녀가 학교에서나 일상생활에서 항상 모든 것
을 잘 하기를 원하는 혹은 잘 하지 못할까 봐 두려워하는 부모의
태도와 밀접한 상관관계에 있다는 것은 부인하기 어렵다.

: : 두려움은 선천적인가, 후천적인가?

시험에 대한 두려움은 타고난 것일까? 뱀에 대한 두려움이나 고소
공포증 혹은 남 앞에서 발표할 때 느끼는 두려움은 어떤가?

학자들은 쉽게 두려움을 느끼는 성향이 어느 정도는 선천적 혹
은 유전적인 요인의 작용이라는 점을 인정한다. 그러나 어떤 기질
을 갖고 태어났는가와 상관없이 아이가 시험공포증을 갖게 되는
가의 여부에 큰 영향을 미치는 것은 무엇보다도 부모와 교사의 태
도다. 그리고 아이의 시험공포증이 얼마나 심한가는 전적으로 어
른들의 태도에 따라 달라진다.

그러나 무엇보다도 시험공포증에 가장 큰 영향을 미치는 것은
아이 자신의 태도다. 아이가 자신의 능력에 얼마나 자신감을 갖고
있는지, 다소 자신이 없더라도 해 볼 만한 용기를 얼마나 갖고 있

는지가 결정적인 영향을 미친다. 아이의 자신감은 어느 정도인가? 아이가 자신의 감정을 얼마나 잘 통제하는가? 두려움이 생길 때 그것을 억누르고 자신을 진정시킬 수 있는가? 작은 일이라도 적극적으로 받아들이는 편인가? 어려움이 있을 때 침착하게 대처할 능력이 있는가?

물론 환경이 두려움에 미치는 영향 또한 무척 크다. 여기서 환경의 영향이란 학교 자체와 교사들이 미치는 영향만이 아니라 시험공포증에 대한 그들의 태도가 미치는 영향을 가리킨다. 가능한 한 아이들의 시험공포증을 완화시키려 애쓰는 교사가 있는가 하면 아이들에게 두려움을 불러일으키는 상황을 즐기는 것처럼 보이는 교사도 있다. 부모 역시 아이의 두려움에 영향을 미친다. 아이에게 성적에 대한 부담을 주는가? 이해심을 충분히 표현하는가? 그리고 또래 집단의 영향도 무시할 수 없다. 아이들은 또래 집단 아이들이 시험에 대하여 어떤 태도를 취하는지에 상당히 영향을 받는다. 시험공포증의 심층적인 원인에 대해서는 197쪽 이후에 좀 더 자세히 다루어질 것이다.

: : 시험공포증이 사라지면 성적이 잘 나올까?

시험에 대한 두려움이 없다면 시험에서 더 좋은 성적을 거두지 않을까 하는 생각을 하는 사람이 많은데 이는 물론 충분히 이해할 수 있다. '두려움이 바보로 만든다'는 속담이 아무런 근거 없이 생긴 것은 아니다. 지나친 두려움은 당연히 시험 결과에 나쁜 영향을 미친다. 그러나 두려움이 너무 적은 경우도 시험 결과는 그다지 좋지 않다.

두려움이 너무 크면 시험을 치르는 학생의 사고를 마비시킨다. 다시 말해서 열심히 시험공부를 했는데도 불구하고 공부한 것이 전혀 생각나지 않는 결과를 초래하는 것이다. 심한 경우는 자기 이름조차 댈 수 없을 정도가 되기도 한다. 반대로 시험 결과에 전혀 신경을 쓰지 않는다면 성적이 좋게 나오는 일은 별로 없다.

내가 심리학 공부를 마치고 치르는 최종 시험을 보았을 때의 일이다. 함께 시험을 치렀던 대학생들 여럿이 시험에 대한 두려움과 흥분을 줄이려고 발륨이라는 진정제를 복용했는데 그 약이 몇몇 학생에게 시험공포증을 완전히 해소시키는 결과를 가져왔다. 그리고 이는 결국 시험 결과가 어떻게 나오든 개의치 않는 태도를 갖게 했다. 시험공포증이 없어진 학생들은 시험에 전혀 관심이 없었으며 다른 학생들이 가능한 한 좋은 점수를 받으려고 애쓰는 것을 오히려 비웃었다. 시험에 대한 두려움이 너무 크거나 아니면 거의 없거나 하는 극단적인 경우는 양쪽 모두 시험을 잘 치르는데 전혀 도움이 되지 않는다.

　그와 달리 적당한 두려움(불안)은 무척 효과적이다. 적당한 두려움은 시험을 치르는 학생의 사고를 마비시키는 일 없이 시험에 진지하게 임하게 하고 최선의 결과를 얻기 위해 알고 있는 것을 총동원할 수 있도록 한다. 이렇게 볼 때 적당한 두려움은 좋은 성적을 거두기 위해 반드시 필요한 것이기도 하다.

　신체적인 측면에서 볼 때 두려움은 아드레날린 분비를 촉진시킨다. 이런 현상은 운동선수나 배우 또는 연주자가 특별한 시합이나 공연을 앞두고 최선의 결과를 보이고자 온 힘을 다해 준비하는 과정에서도 나타난다. 따라서 약간의 긴장은 그것이 도를 넘지 않는 한 결코 나쁜 것이 아니다. 우리로 하여금 성공적인 결과를 얻기 위해 우리의 모든 에너지를 쏟아 부을 수 있도록 자극하기 때문이다.

: : 시험공포증에도 등급이 있다

시험공포증은 그 정도에 따라 세 단계로 구분될 수 있다.

| 작은 두려움 | 시험 준비를 중요하게 여기지 않는다. 시험공부를 하는 시간이 별로 없을 뿐만 아니라 한다고 해도 대충 훑어보는 정도로 끝낸다. 시험 점수에 대해서 거의 무관심하다.

| **적당한 두려움** | 시험 범위에 국한해서 시험 준비를 한다. 너무 조금 하거나 대충 훑어보는 식으로 하지도 않지만 그렇다고 너무 광범위하게 하지도 않는다. 시험 범위를 꼼꼼하게 충분히 반복한다. 시험 결과에 대하여 중요하게 생각한다.

| **심한 두려움** | 시험 몇 주 전부터 광범위하게 그리고 철저하게 시험 준비에 들어가는 것이 보통이다. 끊임없이 시험에 관한 생각만 한다. 시험 준비에 할애하는 시간도 무척 많다. 시험공부할 양에 요구되는 시간보다 훨씬 더 많은 시간을 시험 준비에 매달린다. 시험 범위에 포함되는 내용은 그야말로 달달 외우고 있을 정도이며 시험 결과에 지나치게 큰 의미를 부여한다. 하지만 너무 오래 그리고 너무 많이 하는 시험 준비는 오히려 역효과를 불러일으키는 경우가 많다.

: : 시험공포증이 미치는 나쁜 영향들

▶ 시험공포증은 아이들이 시험 준비를 충분히 할 능력과 동기를 저하시킨다

▶ 시험공포증은 구술시험에 특히 악영향을 미치며 필기시험에도 좋은 성적을 받는 데 방해 요인으로 작용한다.

▶ 시험공포증은 아이가 실력 발휘를 할 수 없도록 만든다.

▶ 시험공포증의 영향으로 시험 결과가 좋지 않게 나옴으로써 아이의 자신감
은 더욱 떨어진다. 그리고 이는 다시 아이가 시험을 잘 치르지 못하게 하는
결과를 낳는다.

저학년 아이의 경우는 특히 시험공포증으로 인해 식은땀을 흘리거나 두통, 복통을 느끼거나 오한이 나거나 설사를 하거나 수면 장애를 보이는 등 다양한 신체적인 증상이 나타날 수 있다.

: : 시험공포증의 원인은 복합적

시험공포증의 원인에는 여러 가지가 있을 수 있으며 단 한 가지 원인만으로 시험공포증이 생기는 경우는 극히 드물다. 시험공포증을 발생시키는 원인들은 크게 몇 가지로 나누어 볼 수 있다. 우선 아이 자신이 원인 제공을 하는 경우가 있고, 다음으로는 부모의 자녀 교육 방식과 친구들의 영향 때문이며, 마지막으로 학교가 원인인 경우가 있다.

시험 볼 아이 자신이 원인

시험공포증은 그것을 느끼는 아이 자신에게 원인이 있는 경우도 있다. 아이가 시험 준비를 제대로 하지 못했을 경우 시험이 두려

워지는 것은 당연하다. 수업 시간에 딴 짓을 했거나 수업 내용을 이해하지 못한 아이, 공책에 필기한 내용을 복습하지 않았거나 문제를 풀어 보지 않은 아이 그리고 모르는 것이 있는데 참고서를 찾아보거나 질문을 하지 않은 아이가 모두 여기에 해당한다.

나는 성적이 중위권에 속하는 아이들에게 영어 개인교습을 해 주는 일이 많다. 그 아이들은 보통 영어 문법을 잘 모르기 때문에 영어로 된 문장을 제대로 번역하지 못한다. 아이들이 문법을 배우는 데 걸리는 시간은 그다지 길지 않다. 그러나 문법을 배워도 단어를 모르면 아무 소용이 없다. 아이들 가운데는 단어를 거의 모르는 아이들도 있다. 단어 암기를 전혀 하지 않았기 때문이다. 안타깝게도.

지난번 시험 결과가 어땠는지 또한 중요하다. 시험 결과가 좋았다면 좋았기 때문에 그리고 나빴다면 또 나빴기 때문에 시험에 대한 아이의 태도에 영향을 준다.

사실 아이의 자신감이 미치는 영향은 결코 과소평가되어서는 안 된다. 아이들은 아주 어린 나이부터 벌써 자기가 잘 할 수 있는 것과 그렇지 못한 것을 구별한다. 아이들이 "난 읽기를 잘 해." "난 체육을 잘 해." 또는 "난 수학을 못 해." 하고 말하는 것을 들어본 적이 있을 것이다. 수학을 못 한다고 말하는 아이는 실제로 수학

과목이 약하고 수학 점수가 나쁘다. 자신이 없는 과목의 시험 점수가 나쁘게 나오는 것은 놀랄 일이 아니다. 시험 점수를 몇 점이나 받게 될지 계속 생각하고 걱정하는 아이들 또한 아이 자신이 시험공포증을 부추기는 경우에 속한다.

또래 집단의 분위기에 휩쓸려서

또래 집단이 시험에 대한 두려움을 불러일으키기도 한다. 또래 집단이 성적에 관심이 많고 열심히 공부하는 친구들로 이루어져 있을 경우 시험 성적에 대한 부담이 크다. 시험에서 좋은 점수를 받는 일은 당연하고 꼭 필요한 것으로 간주된다.

물론 반대의 경우도 가능하다. 또래 집단이 시험을 대수롭지 않게 여기는 경우다. 열심히 공부하는 것은 '지겨운' 일이고 성적에 신경을 쓰지 않으면 '쿨' 하다고 생각한다.

뵈른은 6학년 학생으로 많은 것에 관심을 가지고 있다. 배우는 것을 좋아할 뿐만 아니라 무척 잘 한다. 어떤 과목이든지 수업 내용을 빨리 이해하고 핵심을 파악할 수 있다. 시험을 보면 거의 1, 2등급에 속하는 점수를 받는다. 또래 아이들 사이에서 그는 '공부벌레', '범생이' 취급을 당한다. 아이들은 쉬는 시간에 뵈른을 놀리고 괴롭힌다. 참다못한 뵈른은 마침내 다음번 시험은 일부러 망치기로 굳게 결심한다. 그래야 아이들이 자기를 다시 끼워 줄 테니까….

같은 반 아이들로 인해 시험에 대한 두려움이 더 커지는 일도 있다. 다른 아이들의 태도나 그들이 하는 말은 특히 청소년에게 큰 영향력을 행사한다.

"내일 볼 시험 생각만 해도 벌써부터 미치겠어!"
"이 부분 작년에도 시험 봤는데 너무 어려워서 공부해도 소용없어."
"너도 알지, 나 수학 시험에 '양'을 받으면 이번 학년만 다니고 학교 그만둬야 할지도 몰라."

이런 대화를 나누다 보면 시험에 대한 두려움은 증폭되기 마련이다. 그럴 만한 충분한 이유가 있거나 그렇지 않거나에 상관없이 시험 전에 패닉 상태에 빠지는 아이들이 종종 있다. 그 아이들은 막상 시험을 보면 반드시 못 보는 것도 아니다. 그런데도 시험에 대한 자신의 두려움을 퍼뜨림으로써 다른 아이들의 시험공포증을 악화시키는 작용을 한다.

그러나 다른 아이들의 태도가 시험공포증을 완화시키기는 작용을 하는 일도 있다.

“우리 지난주 내내 시험공부 했으니까 충분해.”

“우리 오빠가 그러는데 작년에 오빠가 이 부분 시험 봤을 때 그렇게 어렵지 않았대.”

“이번 시험을 못 보면 다시 봐야지 뭐. 그렇게 해도 된대.”

반 분위기를 지배하는 의견이 긍정적인가, 격려하는 내용인가 그리고 두려움을 감소시키는 작용을 하는가 그렇지 않은가는 아이들에게 무척 중요하다. 그리고 그 의견을 말하는 아이가 누구인지에 따라 중요도는 달라진다. 어떤 아이의 의견은 다른 아이들에게 중요하게 받아들여지는 반면, 또 어떤 아이의 의견은 무시된다. 이것은 그 아이가 같은 반 아이들에게 얼마나 인정받고 있는가 그리고 아이들 사이에서 어떤 평가를 받고 있는가에 달려 있다.

르네가 8학년 교실에 들어가자 반 아이들이 인사를 했다. 르네에 관해서 이미 알고 있는 아이들도 몇 명 있었다. 르네는 유급했지만 조금도 위축되지 않고 즉시 반 분위기를 좌우했다. 르네의 태도에 감탄하는 많은 추종자들이 생겨났다. 르네는 숙제도 하지 않고 단어 암기는 물론 시험공부도 전혀 하지 않았으며 수업 시간에 끊임없이 방해를 했다. 그의 ‘팬들’은 그의 태도를 흉내냈다. 많은 아이들이 첫 번째 수학 시험 결과부터 엉망이었다. 영어 시험 결과도 나을 것이 없었다. 3개월이 지나자 몇몇 학생이 유급할지도 모를 처지에 놓였다.

반 아이들 가운데 일부는 공부하는 데 점점 더 많은 어려움을 겪었다. 수업에 집중하지 못하고 힘들어했다. 하지만 다른 학생들은 얼마 지나지 않아 태도를 바꾸어 숙제도 해 오고 복습도 하기 시작했다. 시험 결과는 다시 좋아졌으며 학기가 끝날 무렵 배부된 성적표에서 그럭저럭 괜찮은 성적을 받을 수 있었다. 르네 자신은 종전과 다름없는 태도였다. 그 결과 그는 두 번째로 유급하게 되었으며 결국 그 학교를 그만두게 되었다.

자녀가 또래 집단으로부터 받는 영향을 통제하기 위해 부모가 할 수 있는 일은 극히 적다. 가끔 자기 아이가 누구와 친하게 지내는지, 어떤 아이와 짝을 하는지 그리고 누구와 함께 공부를 하는지를 정해 주려고 하는 경우가 있는데 이런 개입이 아이에게 실제로 큰 도움이 되는 일은 별로 없다.

아이들은 다른 아이들과 어떻게 지낼 것인지 스스로 결정하며 그에 따른 책임을 진다. 그리고 자기 나름대로 시험에 대한 두려움을 해결하고자 매일 애쓰고 있는 것이다.

부모의 잘못된 자녀 교육 방식 때문에…

끊임없이 학교 성적을 화제로 삼고 오로지 좋은 점수만을 기대하며 모든 시험을 중요한 것으로 간주하는 부모는 아이의 시험공포증을 부추기는 셈이다. 아이가 시험을 두려워한다는 것을 깨닫게 되면 부모는 한편으로는 아이에게 무슨 문제가 있는 것은 아닌가 걱정을 한다. 그러나 다른 한편으로는 아이가 공부에 태만하거나 의욕이 없다는 결론을 내리는 경우도 적지 않다.

상황을 개선시키기 위한 부모의 간섭은 종종 다양한 제재를 통하여 아이에게 공부를 더 많이 시키는 형태로 나타난다. 예를 들면 숙제를 끝낼 때까지 텔레비전 시청을 금한다거나 컴퓨터 게임을 못하게 하기도 하고 "숙제를 다 해야만 친구랑 수영장에 갈 수 있어." 혹은 "학교 성적이 나아지지 않으면 새 자전거 받을 생각은 하지 말아라." 하고 말하기도 한다. 부모들은 이런 방법이 효과가 있을 것이라고 확신한다.

그들은 자기 아이를 사랑하며 아이가 공부를 열심히 하도록 만드는 것은 부모로서 마땅히 해야 할 일에 속한다고 생각한다. 특히 아이가 '올바른' 길에서 벗어나 있다면 더더욱 그렇게 해야 한다고 믿는다. 부모들은 아이에게 필요한 일을 하게 만드는 데 제재가 불가피하다고 생각하는 경우가 자주 있다. 놀라운 것은 그런 방법이 실제로 효과를 거두기는 하지만 일시적인 데 그친다는 점이다. 제재를 통하여 아이에게 무언가를 하게 만드는 것이 장기간에 걸쳐 그리고 지속적으로 효과를 보이는 일은 거의 없다.

교육심리학자인 나는 지방의 소도시에서 근무하고 있는데 자녀를 동반하고 찾아온 부모로부터 "아이가 공부를 못 하는 겁니까, 아니면 안 하는 겁니까?" 하는 질문을 곧잘 받곤 한다.

아이를 진단해 보고 아이가 공부를 하려고만 한다면 충분히 잘 할 수 있을 것이라는 의견을 말하는 순간, 부모는 아이를 야단치고 공부할 시간을 뺏는 모든 것을 금지한다. 대부분의 경우 아이의 생활은 그때부터 '당장 책을 펼치고 공부를 시작할 것!'이라는, 그야말로 별 도움이 안 되는 모토에 따라 움직인다.

부모의 명령을 들은 아이는 도대체 무얼 공부하란 말인지 자문할 것이다. 왜냐 하면 아이가 어떤 과목 성적이 나쁘다는 것은 그 과목에서 배우는 책의 내용을 이해하지 못하고 있음을 가리키기 때문이다.

:: 부모들의 학교에 대한 바람

원칙적으로 우리는 학교가 학습에 적합한 환경을 갖추고 있기를 기대한다. 여기에는 학교가 아이들의 시험공포증을 완화시킬 수 있는 여건을 제공하는 것도 포함된다. 교실은 쾌적하게 꾸며져 있어야 하며, 휴게실과 학교 주변은 아이들이 쉬는 시간에 즐겨 머무는 데 필요한 시설들을 갖추어야 한다.

그런데 학교들은 대부분 그런 기대에 훨씬 못 미친다. 검소하게 꾸며져 있으며, 아이들에게 무엇이 필요한지 배려한 흔적은 거의 없다. 아이들이 그런 장소에서 별다른 해를 입지 않고 하루 종일 시간을 보낼 수 있다는 것이 놀라울 정도다. 아이들의 스트레스를 경감시킬 수 있는 환경을 갖춘 학교는 아주 적다. 특히 학습 장애가 있는 아이들이나 정상적인 교육이 어려운 아이들의 학교는 더 열악한 환경에 놓여 있는 것이 사실이다.

부모들은 수업 분위기를 형성하거나 학습 계획을 세울 때 아이들의 사정이 감안되기를 바라며, 문제가 발생할 경우 충분한 배려를 통해 해결되기를 기대한다. 그리고 교사와 학생들이 서로 상대방에 대한 이해심을 바탕으로 상호 작용을 주고받는 관계가 되기를 희망한다.

물론 부모들은 교사의 전문성에 관해서도 요구 조건을 내세운다. 교사는 교수법을 숙지하고 있어야 하며 가르치는 과목에 대한 충분한 지식만이 아니라 시험공포증에 시달리는 아이들을 다루는 데 필요한 심리학적 지식도 갖추어야 한다.

아이들에게 쾌적한 환경을 조성해 주고 심사숙고 끝에 학습 내용을 결정함으로써 아이들의 시험 스트레스를 경감시킬 수 있다. 이를 위해서 학교는 점점 더 많은 애를 쓰고 있다.

아이들에게는 시험 전 기간이 가장 긴 시간처럼 여겨진다. 이 단계에서는 부모나 또래 집단 혹은 학교가 어떤 영향을 미치는가에 상관없이 교사의 역할이 가장 큰 비중을 차지한다.

교사는 자기가 맡은 반 학생들에게 설문지(207쪽 참고)를 작성하게 함으로써 시험공포증을 갖고 있는 아이들의 실태를 파악할 필요가 있다. 이 설문지를 통해 교사는 누가 도움을 필요로 하는지 아니면 반 전체 학생들을 위해 어떤 조치가 취해져야 하는지 알 수 있다. 교사가 제공할 수 있는 도움의 예로는 학생들과 대화를 나누거나 학생들에게 시험공포증에 대처하는 방법을 연습시키는 것 또는 시험에 대한 두려움을 줄이는 데 효과적인 특별한 테크닉을 사용하는 일 등을 들 수 있겠다.

아이들이 시험에서 좋은 성적을 받게 하기 위해서 교사는 우선 수업 시간에 시험 볼 내용을 충분히 다루어야 하며 학생들에게 효

교사의 책임

1 임박한 시험을 위하여 충분히 준비한다.
2 시험 범위에 들어 있는 내용을 설명하고 어려워하는 부분을 이해시킨다.
3 수업 시간에 시험 범위의 내용 요약과 보조 자료를 제공한다.
4 실제 시험에 대한 예행 연습으로 모의시험을 실시한다.

과적인 방법으로 전달해야 한다. 그런데 시험공부 하는 내용을 받아들이는 데 학생들 사이에 차이가 있기 때문에 반드시 각각의 학생 수준에 맞는 자료를 준비하여 개별적으로―학생이 시험 상황

시험에 대한 나의 생각

이름 :

1. 선생님이 시험을 칠 거라고 하시면 나는 이런 생각이 든다
____
____

그리고 이런 기분이 든다. _______________________
2. 나는 이렇게 시험 준비를 한다.
____
____

3. 걱정 되는 것
____
____

4. 시험 보기 전날 밤
____
____

5. 시험 보는 날 나는 이렇게 하려고 노력한다
____
____

6. 시험이 끝난 다음에는 이런 생각이 든다
____
____

〈설문지의 예〉

에 좀 더 침착하게 대처할 수 있도록 학생의 필요에 따라—시험 준비를 시켜야 한다.

시험통보, 덜 부담스럽게

학교에는 크고 작은 시험이 치러질 때마다 자기가 맡은 반에 일정한 목표를 내세우는 교사들이 종종 있다. 그들은 거의 달성할 수 없을 정도로 높은 목표를 세움으로써 시험 전에 학생들에게 성적에 대한 과중한 부담을 지운다. 심지어는 그런 상황을 즐기는 것처럼 보이는 교사들도 적지 않다. 그러나 다행히도 대다수의 교사가 시험 상황에서 가능한 한 학생들이 두려움을 덜 느끼고 스트레스를 적게 받도록 하기 위해서 노력한다.

시험 통보가 이루어지는 방식도 아이들의 시험에 대한 두려움에 영향을 미친다. 교사는 시험 통보를 할 때 다음과 같은 점들을 염두에 두어야 한다.

시험을 알릴 때 고려할 점

1. 다음번 시험을 어떻게 통보할 것인가?
2. 시험의 의미에 대하여 어떻게 설명할 것인가?
3. 성적 평가는 어떻게 한다고 말할 것인가?
4. 성적이 좋게 나온 학생과 나쁘게 나온 학생에게 어떤 말을 해 줄 것인가?

이제 두 명의 교사가 아주 다른 방식으로 학업성취도 평가 시험을 통보하고 있는 것을 예로 들어 보겠다.

 "5월에 너희 중학교 1학년 학생 전체를 대상으로 학업성취도 평가 시험이 실시될 예정이다. 이 시험은 결과를 교육청에 제출해야 하기 때문에 매우 중요하다. 너희는 이 시험을 통해 그동안 배운 것을 증명하게 될 것이다.

시험 범위와 내용 그리고 시험 보는 시간은 중학교 1학년을 가르치는 모든 교사들의 협의를 거쳐 확정될 것이며 시험문제도 교사들이 공동으로 출제할 예정이다.

우리 학교의 1학년 담당 교사들은 너희가 시험에서 좋은 성적을 거두기를 바란다. 그래서 내가 앞으로 3개월간 시험 준비를 맡게 되었다. 시험 볼 내용을 공부하고 예상 문제들을 풀어 볼 생각이다. 너희도 알다시피 '연습을 많이 해야 실력이 는다' 는 말이 있다. 열심히 준비하면 꼭 좋은 결과가 있을 것이다. 걱정할 필요는 전혀 없다. 분명히 다 잘 될 것이다. 시험 점수가 나쁜 학생이 나오면 무엇이 부족한지 정확하게 설명해 주겠다.

질문이 있으면 나에게 알려 주기 바란다.

다음번 학부모 모임에서는 교장선생님께서 이 학업성취도 평가 시험에 대하여 설명하실 예정이다. 그때 부모님들은 필요한 정보를 얻게 될 것이고 가정에서도 시험 준비에 신경을 쓰실 것이다.

이상의 내용에 관하여 질문이 있는 사람?”

교사 2　“우리는 지난 몇 년간 수업 시간에 다양한 방식으로 수업을 진행해 왔다. 앞에 나와서 발표를 하게 하기도 하고 모둠별 수업도 했으며 프로젝트를 진행하기도 하고 연습문제를 풀어 보기도 했다.

중학교 1학년을 가르치는 모든 교사들은 이번에 너희가 이제까지 배운 것을 한번 검토해 볼 생각이다. 그래서 시험 문제를 내서 너희 학년 모든 학생들이 동시에 시험을 치르게 할 예정이다.

이런 시험은 과거에도 실시된 적이 있고 그 결과는 거의 대부분 만족스러운 것으로 나타났다. 이 시험이 비록 특별한 종류의 시험이긴 해도 모두 자기 실력을 충분히 발휘하리라 믿는다.

시험 볼 때 당황하지 않도록 다음 몇 주간 시험에 나올 만한 문제와 비슷한 유형의 연습 문제들을 많이 풀어 볼 예정이다.

질문이 있으면 언제라도 나를 찾아오기 바란다. 그럴 만한 까닭이 없는데도 불구하고 잔뜩 겁을 먹은 아이들이 불안한 소문을 퍼뜨리는 일이 종종 있다. 그럴 때는 분의기에 ‘휩쓸리지’ 말고 무언가 걱정 되는 것이 있으면 나를 찾아와서 의논하기 바란다.

너희 모두 수업 시간에 열심히 공부했으니 이번에 치르게 되는 시험에서 충분히 실력을 발휘하게 될 것이고 좋은 점수를 받을 것이라고 믿는다.

시험 전에 불안한 생각이 들고 약간 두려움을 느끼는 일이 종종 있는데 그

것은 전혀 이상한 일이 아니다. 그리고 설령 너희가 그다지 좋은 점수를 받

지 못한다고 해도 그에 대처할 방법을 찾을 것이다."

교사 1은 몇 주 후에 치러질 학업성취도 평가 시험에 관하여 상

당히 형식적으로 그리고 정확하게 통보하고 있다. 그의 말에는 긍

정적인 메시지가 거의 없다. 시험이 있을 예정이라는 사실을 알려

학업성취도 평가 시험의 통보

✤ 긍정적인 메시지 ✤	✤ 덜 긍정적인 메시지 ✤
수업은 다양한 방식으로 진행될 수 있다.	이 시험 결과가 너희 실력을 보여줄 것이다.
비슷한 유형의 문제를 많이 다룰 예정이다. 그러니 시험 볼 때 당황하지 않을 것이다.	연습을 많이 해야만 좋은 성과가 있다.
실력 향상을 위해 열심히 공부하기 바란다. 너희가 그럴 수 있으리라고 믿는다.	열심히 하기 바란다. 그것이 너희 모두 할 일이다.
이 시험에 관하여 질문이 있거나 주변에서 불안감을 불러일으키는 말을 하는 학생들을 보면 나를 찾아와 의논하기 바란다.	질문이 있으면 나에게 알려주기 바란다.
시험에 대하여 걱정하고 약간 두려워하는 것은 지극히 정상이다.	걱정할 필요 없다. 다 잘 될 것이다.
설령 시험 성적이 썩 만족스럽지 않더라도 대응책을 찾을 것이다.	시험 점수가 나쁜 학생이 있을 경우 어떤 문제를 틀렸는지 분석할 것이다.

주기만 할 뿐 학생들에게 용기를 불어넣는 내용은 거의 없다. 그리고 학생들 대다수가 그 시험을 무난하게 볼 것이라는 확신 또한 전달하지 않는다.

반면에 교사 2는 학생들에게 긍정적으로 그리고 격려하는 어조로 시험을 통보하려고 애쓴다. 하지만 긍정적인 메시지를 전달하는 것이 얼마나 어려운 일인가를 교사 2의 말은 여실히 보여준다.

: : "오버모스 형사가 사건을 파헤치다…"

몇 년 전에 독일 방송국에서 짧은 수사물 시리즈를 방송한 적이 있었다. 이 시리즈의 주인공은 오버모스라는 이름의 형사였는데 사건 현장에 도착해서 범죄 수사에 착수할 때마다 그는 다음 네 가지 질문에 집중했다. 사건이 어디에서 발생했는가? 언제 발생했는가? 어떻게 발생했는가? 그리고 사건이 발생한 이유는 무엇인가?

시험공부를 하는 학생들은 오버모스 형사의 수사 방식을 참고로 하여 다음 문제들을 잘 고려하는 것이 좋겠다.

▶ 어디에서 공부를 할 것인가?

내 방에서, 침대에서 혹은 학교 도서관에서 아니면 친구네 집에서…

▶ 언제 공부하는 것이 효율적일까?

오후 2시에서 3시 사이에, 저녁에, 다가오는 주말에 아니면 학교 수업 전에…

▶ 어떻게 공부하는 것이 좋을까?

　혼자서, 친구와 함께, 여러 명이 모여서 아니면 부모님과 함께…

▶ 시험공부를 하는 이유는 무엇인가?

　하고 싶어서, 습관적으로, 혹은 친구들의 인정을 받기 위해서, 관심이 있어서, 선생님

　이나 부모님 때문에 아니면 특별한 이유 없이…

: : 효율적으로 공부하려면 노트 필기는 필수

최근 '학습법 훈련'이 사람들의 입에 오르내리고 있다. 교사들이 학생들에게 효율적인 학습법을 제시하고 있는데 유감스럽게도 그 방법을 실천으로 옮기지 못하는 학생들이 의외로 많다. 사실 수업을 들으면서 노트 필기를 한 후 수업 시간에 배운 것을 정리하는 것은 결코 어려운 일이 아닌데도 그토록 간단한 일을 제대로 하지 못하는 것이다. 노트 필기 내용이 부실할 경우 시험 준비하는 데 지장이 생기는 것은 당연하다.

노트 필기를 제대로 하려면 다음 몇 가지에 유의하여야 한다.

▶ 생략어를 사용한다. 수업 진행 속도가 빠르기 때문에 수업 내용을 필기하기가 무척 어려운 경우가 태반이다. 따라서 적절한 생략어를 사용해야만 수업 내용을 빠뜨리지 않고 적을 수 있을 것이다. 물론 반드시 생략어를 사

용해야만 하는 것은 아니며 단어의 일부를 받아 적는 방법도 괜찮다.

심리 치료 과정의 일부로 아이들에게 그림을 보고 생각나는 것을 이야기해 보라고 하는 일이 종종 있다. 그런 경우 아이가 하는 말을 하나도 빠뜨리지 않고 그대로 받아 적어야 하는데 아이들의 말이 너무나 빨라 생략어를 사용할 수밖에 없을 때가 많다. 중요한 것은 어떤 형태로 줄여 적었건 나중에 그 생략어에 해당하는 원래 표현을 되살릴 수 있어야 한다는 것이다.

▶ 키워드에 주목한다. 수업 중에 선생님이 중요한 내용을 강조하는 경우가 종종 있다. 예를 들어 선생님이 "첫째, 둘째, 셋째" 등의 표현을 사용할 경우는 중요한 부분이라는 뜻이다.

▶ 칠판에 그린 그림을 옮겨 그린다.

▶ 선생님의 어조나 얼굴 표정 또는 제스처 역시 중요한 부분을 알려 주는 힌트가 된다.

▶ 수업 중에 필기한 내용은 그대로 두지 말고 반드시 정리해야 한다. 보충이 필요한 경우도 종종 있으며 무엇보다도 읽을 수 있게 정리해야 한다. 많은 학생들이 자기가 써 놓고도 도저히 알아볼 수 없게 필기를 해서 시험공부 할 때 애를 먹는다.

교사는 다음 사항들을 고려함으로써 학생들이 필기하는 데 도움이 될 수 있다.

▶ 수업이 시작되면 그 시간에 배울 내용이 무엇인지 정확하게 소개한다.

▶ 수업 내용을 작은 단위로 쪼개서 진행한다.

▶ 칠판에 수업 내용을 쉽게 나타낸 그림이나 도표를 그려 이해를 돕는다.

▶ 중요한 내용은 반드시 반복하고 예를 들어 설명한다.

▶ 가능한 한 자주 다양한 도구를 사용하여 수업 내용을 시각화한다.

: : 부족한 부분 집중적으로 공부할 수 있는 색인 카드

학습용 색인 카드는 학습 내용을 장기적으로 보관하는 데 가장 좋은 방법 가운데 하나로 거의 모든 분야에 사용될 수 있다. 이 방법은 아직 확실하게 알고 있지 못한 것만을 공부하는 것이 효과적이라는 생각을 근본 원리로 삼고 있다. 예를 들어 아이에게 받아쓰기를 연습시키다 보면 아이가 이미 쓸 줄 알기 때문에 굳이 연습할 필요가 없는 단어들이 많이 들어 있는 반면 학습용 색인 카드는 아이가 부족한 부분만을 집중적으로 공략할 수 있게 해 준다. 모든 과목에 적용될 수 있으며 가정에서만이 아니라 학교 수업 시간에도 활용 가능하다.

학습용 색인 카드를 사용하면 아이가 학습 내용을 완전히 자기 것으로 만들 때까지 체계적으로 반복하게 된다. 이 방법은 초등학교 3학년 정도부터 적합하다.

주된 장점 중 하나는 아이가 혼자서도 공부할 수 있다는 점이다.

이것은 특히 외국어를 배우는 과정에서 단어를 암기할 때나 국어 맞춤법을 익힐 때 효과가 뛰어나며 기억할 내용이 많은 과목을 공부할 때도 요긴하게 쓰인다.

〈앞면〉

영국의 수도 이름은 무엇인가?

〈뒷면〉

런던

▶ A4 크기의 4분의 1이나 8분의 1 크기의 색인 카드에 학습할 내용을 기록한다. 이때 앞면에는 문제를 쓰고 뒷면에는 답을 적는다.

학습에 필요한 카드가 여러 장 완성되었으면 색인 카드를 넣을 카드함을 만든다. 색인 카드함은 다섯 칸으로 나누어 만들되 맨 앞쪽의 칸부터 차츰차츰 크기가 커지도록 한다(219쪽 그림 참고). 색인 카드를 완성된 카드함의 첫 번째 칸에 넣는다.

▶ 아이가 첫 번째 칸에 있는 색인 카드를 하나씩 꺼내 앞면의 문제를 읽고 답을 말하거나 적는다. 그리고 카드를 뒤집어 답이 맞는지 확인한다. 답이 맞으면 카드를 두 번째 칸에 넣고 답이 틀리면 첫 번째 칸에 다시 넣는다.

다음날 색인 카드 몇 장을 새로 만들어 카드함의 첫 번째 칸(여기에는 그 전날 틀렸던 문제가 적힌 카드와 새로 만든 카드가 들어 있다 : 옮긴이)에 넣은 후 한 장씩 꺼내 답을 알고 있는지 확인한다. 답을 아는 경우는 두 번째 칸 뒤쪽에 넣는다. 앞쪽에는 전날 맞혔던 문제가 적힌 카드들이 들어 있다.
이제 앞쪽의 카드를 하나씩 꺼내 맞는 답을 기억하는지 확인한다. 답을 알면 세 번째 칸에 넣고 모르면 첫 번째 칸에 다시 넣는다. 세 번째 칸에 넣은 이 카드는 다음날 다시 문제를 맞히는 경우 네 번째 칸으로 옮겨 간다.

색인 카드를 사용하는 학습법의 원칙은 다음과 같다. 문제의 답을 알고 있는 경우는 한 칸 뒤로 가고, 모르는 경우는 그 카드가 몇 번째 칸에 있었느냐에 상관없이 다시 맨 앞의 칸으로 간다.

▶ 이런 방식으로 매일 모든 칸에 있는 카드의 답을 알고 있는지 점검한다. 그리고 이것은 각각의 칸에 있는 카드들이 전부 마지막 칸에 가게 될 때까지 반복한다. 그렇게 함으로써 모든 색인 카드에 적힌 내용은 적어도 다섯 번씩 반복되는 셈이다.

마지막 칸에 있는 카드의 문제를 알아맞혔을 경우 그 카드는 이제 치워도 된다. 아이의 기억에 장기간 남아 있을 가능성이 매우 높기 때문이다.

카타리나가 우리 상담 치료 클리닉에 찾아왔을 때 그 아이는 초등학교 2학년이었는데 독일어 수업을 따라가는 데 무척 어려움을 겪고 있었다. 읽기는 괜찮았지만 쓰기에는 큰 문제가 있었다. 독일어 수업의 초기만 해도 열성적인 태도를 보였던 카타리나는 이제 완전히 겁에 질린 아이로 변해 버렸다. 그리고 수업 중에 받아 적어야 할 때는 아예 수업을 거부하는 일이 점점 많아졌다.

시간이 지날수록 아이가 수업을 따라가지 못하는 부분이 커지기 때문에 우리는 학습용 색인 카드를 사용하면서 '점수 모으기'(127쪽 참고)을 병행하는 것이 좋겠다고 제안했다. '점수 모으기' 방식을 통해 아이의 동기 유발이 이루어지기를 기대한 것이다. 카타리나의 엄마는 우리의 제안을 받아들이기로 하고 아이의 의견을 물어보았다. 아이도 바로 동의했다.

카타리나의 엄마는 학습용 색인 카드를 만들어 다음과 같이 사용했다.

▶ 상담을 마친 후 그녀는 딸과 함께 책상 앞에 앉았다. 두 사람은 색인 카드 여러 장을 준비한 후 카타리나의 독일어 공책을 꺼낸다. 엄마는 그날 독일어 수업 시간에 배운 어려운 단어를 일일이 색인 카드에 적어 카드함 첫째 칸에 넣는다.

▶ 엄마는 아이에게 단어를 보여준 후 받아쓰기를 한다. 카타리나가 맞게 썼으면 점수를 받고 카드는 카드함의 두 번째 칸에 넣는다. 연습하는 단어는 합쳐서 세 개다. 카타리나는 아주 재미있어 했으며 곧장 세 개 모두 맞게 썼다. 그리고 자청해서 한 개 더 써 보겠다고 한다.

▶ 다음날 엄마는 첫 번째 함에서 카드를 골라 단어를 연습시킨 후 그 전날 두 번째 칸에 넣었던 단어를 불러 준다. 카타리나는 모두 맞게 적었다. 그래서 그 카드들은 세 번째 칸으로 간다.

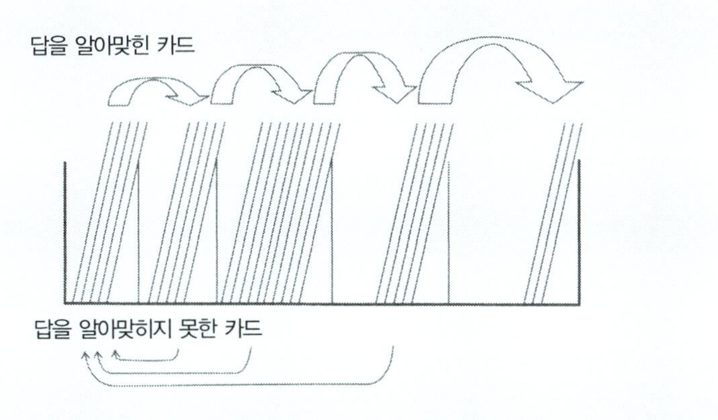

〈학습용 색인 카드 활용법〉

▶ 이렇게 매일 계속한 결과 며칠이 지나자 상당히 많은 카드들이 마지막 칸에 가게 되었다. 카타리나는 카드에 적힌 단어들을 여러 번 맞게 적었다.

▶ 그 동안 모은 점수가 많아져서 카타리나는 이제 작은 상으로 교환할 수 있게 되었다. 카타리나는 껴안기 좋은 폭신폭신한 곰인형을 골랐다.

▶ 엄마는 카드함의 마지막 칸에 있는 단어들을 이용해서 짧은 문장을 만든 후 아이에게 받아쓰기를 시켰다. 카타리나는 거의 대부분을 맞게 적었으며 무척 기뻐했다. 물론 엄마도 마찬가지였다. 두 사람은 바로 그날 오후 아이스크림 가게에서 커다란 아이스크림으로 카타리나의 성취를 축하한다.

: : 글이나 책을 읽고 내 것으로 만들려면

〈 효과적인 독서 〉

글이나 책을 읽기 전에 반드시 내용 전체에 대한 통찰이 필요하다	
글 – 이 글은 어떤 책에 실려 있는가?	**책** – 몇 번째로 찍은 책인가? – 최신판인가? 개정판인가?

– 글쓴이는 누구인가? 글쓴이에 대해 아는 것이 있는가? 글쓴이에 대해 조사해야 하는가?

– 언제 쓴 글인가?

– 목차는 어떻게 되어 있는가?

– 원전인가?

– 각 장의 마지막이나 시작 부분에 그 장의 내용이 요약되어 있는가?

– 구체적인 예가 특별한 방식으로 제시되어 있는가?

– 내가 찾는 정보를 제공하는가?

– 참고 문헌이 수록되어 있는가? 수록되어 있다면 도움이 될 만한 책이나 글이 있는가?

이제 실제 독서가 시작된다

– 짧은 글의 경우 우선 한번 빠르게 훑어본 후 두 번째로 읽을 때는 정독한다. 정독할 때는 작게 인쇄된 것도 빠뜨리지 않고 읽는 것이 좋다. 그것을 빠뜨리고 읽는다고 해서 시간이 크게 절약되지도 않을 뿐더러 거기에 종종 좀 더 자세한 설명이나 예 혹은 이론 등 유익한 정보가 들어 있기 때문이다.

– 책을 읽을 때에는 한 장을 다 이해한 후 다음 장으로 넘어가는 것이 좋다.
– 중요한 부분은 밑줄을 긋는다.
– 절대로 글 전체에 밑줄을 그어서는 안 된다. 각 장에서 밑줄 친 부분은 전체의 20퍼센트를 넘지 않는 것이 바람직하다.

표시해 둘 곳 : 개념, 중요한 예, 비판, 중요한 진술, 모순되는 곳, 공식, 중요한 이름과 날짜, 이론의 요약

– 밑줄 친 부분을 잘 정리하여 색인 카드의 뒷면에 적고 제목을 붙인다.

– 각각의 카드 뒷면에 적힌 답을 요구하는 질문 혹은 문제를 앞면에 적는다.

– 카드 앞면에 적힌 문제를 보고 답하면서 카드의 내용을 반복한다. 답을 말할 때는 큰 소리로 하는 것이 좋다 그래야만 어려운 용어에 익숙해진다. 색인 카드를 한 묶음 더 만드는 것도 효과적인 방법이다. 한 묶음 더 만들 때는 앞면에 문제만 적는다. 그리고 문제를 보면서 답을 기억할 수 있는지 확인해 본다.

<table>
<tr><td align="center">앞면</td><td align="center">뒷면</td></tr>
<tr><td>

멘델의 유전 법칙
세 가지는 무엇인가?</td><td>멘델의 유전 법칙

1. 독립의 법칙
2. 분리의 법칙
3. 우열의 법칙</td></tr>
</table>

: : 연습이 실력을 향상시킨다고?

자동차 운전이나 피아노 연주를 배우는 사람에게는 끊임없는 연습이 효과적이다. 그러나 시험공부를 할 때 기계적으로 반복하는 것은 그다지 효과가 없는 경우가 종종 있다.

많은 학생들이 시험 범위에 포함되는 내용을 여러 번 반복해서 공부하는데도 막상 시험에서는 결과가 좋지 않다. 앞에서도 예로 들었듯이 많은 아이들이 집에서 "책 펴놓고 공부 좀 해라!"는 잔소리를 듣는다.

책을 들여다보는 것은 아이가 거기에 적힌 내용을 이해하고 있을 때 그리고 그것을 머릿속에 자기 나름대로 정리할 수 있을 때에만 도움이 된다. 그러므로 공부할 내용을 반복하는 것은 아래와 같은 방법을 따르는 것이 좋다.

▶ 시험 범위에 들어가는 부분을 꼼꼼하게 읽는다. 필요하다면 두 번 읽는 것도 좋다.

▶ 읽은 내용을 머릿속에 잘 정리하여 되풀이한다(책이나 프린트 혹은 공책을

보지 않고 큰 소리로 말해 본다).

▶ 자기가 말한 내용이 맞는지 확인해 보고 잘못된 것이 있으면 고친다.

▶ 이 과정을 일정한 시간적 간격을 두고(한 시간 후 혹은 하루 지나서)—필요하다면 학습용 색인카드를 만들어서—반복한다.

: 부모의 지나친 관심과 기대는 금물!

부모가 아이의 시험공포증에 중대한 영향을 미친다는 것이 전문가들의 한결같은 의견이다. 아주 이른 나이부터 부모의 태도, 즉 부모가 얼마나 일찍 아이에게 성적 혹은 성취에 대한 부담을 주느냐에 따라서 아이의 시험공포증은 커질 수도 혹은 작아질 수도 있다. 1학년 아이가 받아쓰기에서 얼마나 많이 틀렸는지가 가장 중요한 관심사가 되는 집에서 자란다면 이 아이는 당연히 학년이 올라가면서 치르게 될 모든 시험의 의미를 과대평가하게 될 것이다. 저학년 아이들은 부모의 태도를 기준으로 삼기 때문에 부모의 가치관을 그대로 받아들일 뿐만 아니라 부모의 기대에 부응하기 위해 애쓴다.

사춘기에 접어든 청소년들은 또래 집단을 기준으로 삼아 시험과 공부에 대한 그들의 태도를 받아들인다. 그리고 시간이 좀 지나면 다른 누구를 위해서가 아니라 바로 자기 자신을 위해서 공부한다는 사실을 깨닫게 되는 아이들도 가끔 있다. 하지만 안타깝게도 대부분의 아이들은 그런 깨달음에 도달하기까지 무척 오랜 시간이 필요하다.

아이의 자의식 또는 자존감은 보통 부모가 그 아이를 얼마나 자랑스럽게 여기는가에 의하여 형성된다. 부모가 아이가 가진 많은 능력을 인정하고 아이가 하는 일의 대부분에 동의하며 시험이 인생에서 가장 중요한 것은 아니라는 태도를 보여 준다면 아이의 자립심과 자신감은 강화될 것이다. 그리고 그 결과 아이는 시험 상황에서 발생하는 문제를 더 잘 해결할 수 있게 된다.

부모는 시험이 비록 중요하긴 하지만 그 밖에도 다른 많은 것들을 중요하게 취급함으로써 아이에게 여러 가지 어려운 상황에 적절하게 대처할 수 있는 능력을 키워 준다. 그러나 모든 부모가 그렇게 할 수 있는 것은 아니다.

우리가 만난 아이들 가운데 에티엔이라는 이름의 남자아이가 있다. 우리는 그 아이를 1학년 때 처음 알게 되었는데 선생님과도 아무런 문제가 없었고 수업도 곧잘 따라가는 편이었다. 학습 능력으로만 따진다면 에티엔은 지극히 평범한 아이에 속했다.

에티엔의 엄마는 아이가 아주 저학년이었을 때부터 받아쓰기나 시험 점수 그리고 성적표에 기록된 성적에 매우 높은 관심을 보였다. 언젠가 한번

에티엔이 시험을 '망친' 적이 있었는데 엄마는 그것을 끔찍한 일로 받아들였다. 그래서 아이의 학습 능력을 높이기 위해 좋다는 치료는 다 받게 하고 도움이 된다는 방법은 다 써 보았다. 에티엔 자신은 점점 더 자신감을 잃더니 급기야 혼자서는 도저히 공부를 하지 못하는 지경에 이르렀다. 에티엔은 엄마가 옆에 있을 때에만 공부를 하게 된 것이다.

엄마는 방학이면 다음 학기에 각각의 과목에서 배울 내용을 아이에게 예습시킬 계획을 세웠다. 얼마 지나지 않아 아이는 공부를 피하기 위해 기회만 생기면 엄마의 눈에서 벗어났다. 아이는 이제 혼자서는 공부할 수 없게 되었다. 김나지움 과정의 중간 단계(김나지움 과정은 5학년부터 13학년이므로 중간 단계는 8학년부터 10학년까지 : 옮긴이)에 이르렀을 때 아이는 마침내 '반항을 시도하여' 모든 것을 거부한다. 더 이상 엄마와 함께 어떤 숙제도 하지 않겠다는 것이다. 엄마는 달래기도 하고 야단치기도 하는 등 온갖 방법을 써 보았지만 아무런 소용이 없었다. 결국 포기할 수밖에 없었던 엄마는 "그렇게 하다간 어떻게 되는지 본인이 직접 겪어야 알게 될 거예요. 학교 못 다니게 될 테지요."라는 말과 함께 아이를 내버려 두었다. 아니나 다를까 에티엔은 윗 학년으로 올라가지 못하자 다른 김나지움으로 전학을 갔으나 사태는 전혀 나아지지 않았다.

몇 해 전 우리는 부모들이 자녀와 함께 숙제를 하는 모습을 촬영한 적이 있다. 대상으로는 숙제를 건성으로 하거나 숙제하는 데 마냥 꾸물대는 남학생들을 선정했다. 그리고 비교 집단으로는 숙제를 혼자서도 잘 해내고 집중력에도 전혀 문제가 없는 여학생 25명을 골라 촬영했다. 그 결과 선발된 여학생들 모두 숙제를 혼자 힘으로 해내는 것을 무척 중요하게 생각한다는 사실이 눈에 띄었다.

그들은 자기가 필요해서 먼저 부모의 도움을 요청한 경우를 제외하고는 부모의 도움을 거부했다. 그들은 하나같이 문제가 있을 경우 일단 혼자 힘으로 해결하는 데 익숙한 아이들이었다. 그 여학생들은 꼭 필요하다고 생각될 때에만 부모의 도움을 요청했다. 그들의 시험공포증은 그다지 심하지 않았으며 시험 성적은 양호했다. 그들의 지능지수를 검사한 결과 숙제를 대충 하거나 숙제하는 데 시간을 끄는 남학생들과 결코 차이가 없었다. 그 여학생들이 남학생들과 다른 점은 일찍부터 능력을 개발하고 자립심을 키우도록 훈련받았으며 자신감을 강하게 심어 주는 교육을 받았다는 점이다.

: : 부모가 할 수 있는 일에는…

당연히 시험 바로 전에 부모가 보이는 태도가 아이의 시험공포증에 미치는 영향 또한 대단히 크다. 아이의 연령에 상관없이 아이는 부모의 말에 담긴 메시지에 예민하게 반응한다는 사실을 잊지 말아야 한다. 아이가 시험을 앞두고 있을 때 아래와 같은 말을 하는 것은 아이에게 도움이 되기는커녕 아이의 시험공포증을 오히려 부추기는 결과만 낳기 십상이다.

▶ 다음 주에 있을 수학시험 공부 많이 해야겠더라. 듣자니까 어려울 거라던데.

▶ 너희 다음 주에 제2외국어 마지막 시험 본다지. 작년에 형도 시험 준비 제대로 안 했다가 완전히 엉망으로 쳤다.

▶ 너 영어가 네 취약 과목인 건 알고 있지? 어서 책 좀 들여다 보렴.

▶ 이번 독일어시험 공부는 좀 더 열심히 해야겠다. 지난번 시험은 망쳤잖아.

이런 말들이 비록 맞는 말일지라도 그 말이 전하는 메시지는 지극히 부정적이다.

바람직한 것은—비난조의 발언 대신에—아이에게 질문을 하는 방법이다. 질문은 별로 비난으로 들리지 않으며 아이의 마음을 거의 상하게 하지 않을 뿐만 아니라 아이와 대화를 가능케 하는 수단이 되기도 한다.

▶ 다음 주에 보는 수학시험 범위는 어디인지 알고 있니? 시험공부는 충분히 했니 아니면 도움이 필요하니?

▶ 영어가 네가 좋아하는 과목이 아닌 줄은 알고 있지만 대학에 가려면 시험공부를 해야 할 텐데, 어떻게 할 생각이니?

▶ 2주 후에 볼 시험 때문에 걱정이 되니?

▶ 자신 있지?

부모들은 시험이 있을 때마다 아이들에게 시험공부를 하라고 타이른다. 그런데 어떤 구체적인 권유 대신에 늘 좀 더 열심히 하라는 지극히 일반적인 말만 하고 마는 경향이 있다.

아이의 시험공부를 도우려면

오늘날 부모들은 점점 자신의 본래 임무를 학교에 떠넘기려는 경향을 보이고 있다. 학교는 부모를 대신하지 못하며 부모의 임무를 대신 맡아줄 수도 없고—대신 맡아줄 생각도 전혀 없다. 아이가 시험공포증을 극복하는 방법을 찾는 데 학교가 도움이 될지도 모르지만 우리가 그 동안 상담 클리닉을 운영하면서 경험한 바에 의하면 무엇보다도 부모의 도움이야말로 시험공포증의 극복에 큰 효과가 있다.

부모가 아이의 시험공부에 도움을 주려면 시험이 언제 치러지는지 알아야 한다. 그리고 시험에 관한 최소한의 정보를 확보해야 한다.

▶ 시험 날짜는 언제인가?

▶ 시험 과목은 무엇인가?

▶ 시험 범위의 내용은 무엇인가?

아이가 위의 세 가지 질문에 제대로 대답하지 못할 경우 아이에게 다른 경로를 통해서라도 필요한 정보를 얻도록 시킨다.

아이들은 시험에서 좋은 점수를 받기 위해서는 본인의 적극적인 참여가 필요하다는 것을 배워야 한다. 그리고 시험 준비에 적극적으로 참여하는 첫 번째 단계는 바로 위에서 질문한 세 가지 사항에 대한 정확한 정보를 얻는 일이다.

시험 전에 아이에게 기분이 어떤지 묻는다. 아이들은 가끔 전혀 두렵지 않다고 주장한다. 하지만 주장과는 달리 다른 방식으로 두려움을 표현하는 경우가 있다. 예를 들어 아이가 다음과 같이 말하는 경우 어떻게 이해해야 할 것인가?

"시험 보면 항상 망치는걸. 시험 어떻게 보든 난 상관없어요!"

혹은

"분명히 수업 시간에 안 배운 게 시험에 나올 거예요."

혹은

"시험 보는 내용 이해가 안 가기 때문에 시험은 정말 싫어요."

혹은

"공부를 하건 안 하건 결과는 마찬가진데, 시험공부한다는 것 자체가 시간 낭비예요."

중요한 것은 아이가 이런 말을 통해 정말 말하고 싶은 것이 무엇인가를 파악하는 일이다.

아이가 "시험 항상 못 보잖아요." 하고 말한다면 이제까지 본 시험지들을 모두 꺼내 아이 말이 맞는지 반드시 확인할 필요가 있다.

아이가 "분명히 수업 시간에 안 배운 게 나올 거예요." 하고 말하는 것은 종종 결과가 나쁠 경우에 대비하여 미리 자기 방어를 하려고 내세우는 주장일 가능성이 높다. 아마도 아이는 수업 시간에 충분히 집중하지 못했을 것이다. 그래서 시험 볼 내용에서 잘 모르는 부분이 있고 그 부분을 알려고 누군가에게 묻거나 하지도 않았을 것이다.

시험 결과가 아주 나쁘게 나오는 경우 많은 아이들이 첫 번째로 드는 이유는 '선생님이 시험에 나온 부분을 제대로 안 가르쳐 주었기 때문'이다. 하지만 실제로는 아이가 자기가 이해하지 못하는 부분을 질문이나 참고서 등을 통해 해결하려는 노력 없이 그냥 지나갔기 때문에 그런 결과가 나온 경우가 대부분이다.

아이가 "시험 점수 잘 받는 게 너무 힘들어서 시험이 싫어요." 하고 불평한다면 이 또한 아이가 전반적인 수업 내용을 이해하지 못하고 있다는 표시라고 보아야 할 것이다. 하지만 이 말은 아이가 시험공포증을 가지고 있다는 증거가 될 수도 있다.

아이가 시험 일정을 알고 있으면 달력에 시험 날짜를 모두 표시한다. 그러면 아이가 적절한 시기에 시험공부를 시작할 수 있다. 여기서 적절한 시기란 늦어도 시험 치르기 일주일 전에는 더 집중적으로 시험공부를 해야 한다는 뜻이다.

시험공포증을 치료할 수 있는 특효약은 없다는 사실을 명심해야 한다. 따라서 부모는 자기 아이에게 도움이 될 만한 방법을 찾아 시도해 보는 수밖에 없다. 어떤 방법이 한 아이에게는 효과가 있지만 다른 아이에게는 아무런 도움도 되지 않는 경우도 얼마든지 있을 수 있다. 하지만 아이의 시험공포증을 완화시키기 위한 다양한 방법들을 시험해 본 결과 시험공부를 충분히 하는 것이 시험공포증에 대처하는 가장 효과적인 방법이라는 점이 증명되었다.

필기시험(독일의 중·고등학교 필기시험은 과목에 따라 차이는 있지만 보통 상당히 긴 서술형 문제다 : 옮긴이) 답안지를 작성할 때 도움이 되는 기본 요령들이 있다. 그 요령들은 무엇보다도 체계적으로 시험 준비를 하는 데 효과적이다.

그리고 나의 할머니께서는 오래 전에 벌써 우리에게 시험 전에 심호흡을 하라고 충고하셨다. 심호흡이 우리 신체에 영향을 미친다는 사실도 모르셨고 심호흡을 통해 혈액에 산소가 많이 공급된다는 지식도 없으셨지만 당신의 체험을 통해 심호흡을 몇 차례 하는 것이 우리를 진정시키는 효과가 있다는 사실을 알고 계셨던 것이다. 반면에 할아버지께서는 손자 손녀들에게 다음과 같은 요령을 알려 주셨다.

"답안지를 작성하기 전에 문제를 잘 보고 세 가지로 나누어 생각해야 한다

▶ 네가 확실하게 답을 알고 있는 문제들

▶ 네 생각에 답을 알 것 같은 문제들

▶ 네가 답을 모르는 문제들

당연히 정확한 답을 아는 문제부터 풀어 나가야지. 그 다음으로는 답을 알 것 같다고 생각되는 문제를 푼 후 마지막으로 답을 모르는 문제에 손을 대는 것이 순서란다."

우리 아이가 혹시 공부에 태만한 것은 아닐까?

아이가 숙제를 제대로 하지 않거나 단어를 외우지 않거나 시험 공부를 대충 할 때 부모들은 자기 아이가 공부에 태만하거나 의욕이 없는 것은 아닌지 하는 의구심을 갖게 마련이다. 아이가 공부에 좀 더 많은 시간을 할애하도록 부모는 흔히 무언가를 금지하는 방법을 택한다. 그렇게 하는 이유는 아이를 돕기 위해서이다. 아이에게 벌을 주려는 의도에서 그렇게 하는 일은 별로 없다. 어느

부모가 자기 아이를 미워해서 그렇게 하겠는가? 그들은 다만 아이의 행동에 제약을 가하는 것이 그들의 책임이라고 생각하는 것뿐이다. 아이의 태만을 그대로 방치해서는 안 된다는 의견이 그들의 태도를 지배하고 있는 것이다.

이런 이유에서 부모들은 아이의 공부를 위해 벌을 주는 방법을 사용하기도 한다. 그러나 이 방법은 일시적으로만 효과가 있을 뿐이며 장기적으로 효과가 지속되는 일은 극히 드물다. 열심히 하지 않는다고 계속 벌을 주다 보면 결국 아이가 벌에 무감각해져서 공부에 무관심해질 뿐만 아니라 오히려 공부하는 데 필요한 노력을 어떻게든 피하려고 하는 태도를 보이기 쉽다. 더 이상 공부를 잘하고 싶다는 의욕을 느끼지 못하게 되는 것이다.

부모는 더 험한 말로 꾸짖게 되고 혼내 주겠다는 위협도 해 보지만 이제 아무런 효과도 없다. 아이는 시험 결과에 전혀 관심이 없거나 아니면 부모의 야단에 겁을 먹고 공부를 하긴 하지만 건성이며 나쁜 결과가 나올까 봐 심한 두려움에 빠지고 결국 만족스러운 점수를 받는 데 실패한다. 이 경우 아이의 시험공포증은 더욱 심해져서 패닉 상태에 이르기까지 한다.

부모가 아이의 능력 이상을 기대하고 요구할 때도 아이는 시험 상황에서 무척 불안해하는 태도를 보인다. 자기 아이가 다른 아이들에 비해서 수업 시간에 배우는 내용에 대한 이해도가 떨어진다는 사실을 담담하게 인정할 수 있는 부모는 그다지 많지 않다. 사실 그런 경우 종종 학습 능력이 떨어지는 것이 원인이기 때문에 그 아이는 열심히 한다 해도 아마 겨우 '미'나 '양' 정도의 성적에 그칠 것이다. 그런데 아이의 부모는 그 이상의 성적을 기대하면서 아이에게 압력을 가하고 그 결과 시험공포증을 야기하는 것이다.

마틴의 엄마가 우리에게 전화를 걸어 걱정스러운 목소리로 아이의 상태를 설명한다. 아이가 시험 전날 밤에는 잠을 설치고 안절부절못하며 계속 배가 아프다고 한다는 것이다. 이제 겨우 2학년인데 벌써부터 시험 때면 차라리 결석하고 싶다고 말한다고 했다. 그녀는 아이의 담임선생님이 아이를 자꾸만 야단친다면서 선생님이 아이를 싫어하는 것 같다고 말했다.

시험에 대한 심리적 태도를 검사한 결과 마틴은 공부가 무척 힘든 학생이라는 진단이 내려졌다. 그 아이는 문제를 푸는 데 시간이 아주 많이 걸렸다. 학습 능력 진단을 위한 여러 가지 검사 결과 마틴은 학습 능력의 결핍으로 인해 학습 장애가 있는 아이라는 결론이 나왔다.

우리는 마틴의 엄마에게 검사 결과를 알려 주었다. 그녀는 울음을 터뜨렸다. 우리는 그녀에게 마틴이 — 비록 학습 장애가 있기는 하지만 — 착한 아이이며 다른 아이들에게 인기도 많은 아이라는 사실을 상기시키려 애썼다. 그녀는 우리에게 마틴이 혹시 주의력 결핍 과다행동장애에 해당되는 것은 아닌지 물었다.

1년 후 우리는 학교 운동장에서 뛰어놀고 있는 마틴을 만났다. 그는 우리에게 달려오더니 활짝 웃는 얼굴로 이제는 읽을 줄 안다고 자랑했다. 2학년을 다시 한 번 다녀서 알파벳을 완전히 익혔다는 것이다. 시험에서도 이제는 '미' 정도의 성적에 해당하는 점수를 받는다고 하면서 배 아픈 것도 사라졌다고 말했다.

그리고 그날 우리는 우연히 마틴의 엄마와 마주쳤다. 그녀는 우리에게 마틴이 주의력 결핍 과다행동장애 진단을 받아서 조만간 치료약 복용을 시작할 계획이라고 말했다. 그녀는 자기 아이가 왜 성적이 나쁜지 설명해 줄 이유를 찾느라 정작 아이의 시험공포증에는 그다지 관심을 기울이지 않는 것처럼 보였다.

많은 부모들이 아이가 시험을 두려워하거나 유급할 때 교사에게 책임을 돌리기 쉽다. 그리고 실제로 교사에게 그 원인이 있는 경우도 있다. 따라서 부모가 어떤 교사를 무능력하다거나 아이의 상황을 충분히 이해하지 못한다고 생각할 수도 있으며 학생들에게 무리한 요구를 한다거나 불안감을 조장한다고 비난할 수도 있다. 그리고 그 비난이 정당한 경우도 적지 않다. 그렇다고 해도 부모가 개입하여 사태를 개선시키기는 무척 어렵다.

하지만 실제로 학업에 태만한 학생들은 얼마든지 있다. 그들 역시 시험이 닥치면 심한 불안감을 보인다. 그들의 두려움은 당연한 결과다. 평소에도 공부를 게을리했을 뿐만 아니라 시험 준비도 별로 하지 않았으니 좋은 성적을 받을 리가 없기 때문이다.

: : 시험공포증이 보이는 반응들

시험에는 쪽지시험이나 과목별 시험처럼 짧은 시간 동안 보는 것도 있지만 대학 입학을 위한 시험처럼 하루 종일 치러지는 것도 있다.

시험공포증에 시달리는 아이들은 세 가지 면에서 고통을 받고 있으며 이 세 가지는 서로 밀접하게 연관되어 있다.

▶ 신체적 반응

▶ 감정의 기복

▶ 인지적 반응

신체적 반응

시험을 치르는 당사자 자신이 신체적 반응을 느끼기도 하지만 보통은 다른 사람들도 알아차릴 수 있다.

❖ 체온
시험공포증을 느끼게 되면 체온이 변화한다. 많은 아이들이 땀을 흘리기 시작한다. 하지만 체온이 떨어지는 경우도 있다. 시험을 보는 동안 몸이 떨린다고 말하는 아이들도 종종 있다. 그런 아이들은 손이 뻣뻣하게 굳는 것 같다고 하기도 한다.

❖ 호흡
호흡이 가빠지면서 심하면 과호흡(폐에 이상이 없는 상황에서 호흡 수가 급격하게 증가함)이 될 수도 있다. 과호흡이 되면 뇌에 충분한 산소가 공급되지 못하기 때문에 무척 심각하다. 같은 이유로 얕고 빠른 호흡 또한 아이가 시험을 치르는 데 장애가 된다.

❖ 근육

대부분 근육이 경직되거나 근육통을 일으킨다. 근육통은 신체의 여러 부위에서 느껴질 수 있는데 주로 어깨나 목 혹은 등에 생기는 경우가 많다. 그리고 말 그대로 무릎에 '힘이 빠지는' 경험을 하는 학생도 있다.

❖ 배

아랫배가 예민한 반응을 보이는 일은 주로 어린아이들에게서 볼 수 있다. 어린아이들은 시험공포증을 느낄 때 복통을 호소하거나 속이 이상하다고 말한다.

❖ 두통 및 감각기관의 반응

두통은 흔히 발견되는 증상이다. 어지럼증이 생기는 경우도 있으며 때로는 눈앞의 사물이 흐릿해지기도 한다.

❖ 심장 순환기관 장애

두려움을 느낌과 동시에 심장 박동이 불규칙해지고 혈압이 상승한다. '목에 뭔가 걸린 것 같은 느낌'을 갖는 일도 많다.

❖ 기타 신체적 반응

피부 발진 또한 시험공포증에 따른 전형적 증상 가운데 하나다. 식습관도 달라져서 시험을 앞둔 아이가 두려움을 느끼면 평상시에 비해 너무 적게 먹거나 너무 많이 먹는다. 잠을 잘 이루지 못하고 악몽을 꾸는 일도 있다. 청소년의 경우 알코올이나 담배 혹은 진정제를 찾는 일도 드물지 않다.

❖ 기분의 기복이 심함

특히 청소년의 경우 기분이 심하게 기복을 보이는 일이 종종 있다. 평소에는 말도 잘 하던 아이가 갑자기 눈에 띄게 조용해지거나 친구들과 잘 어울리던 아이가 혼자서만 있으려고 한다.

감정의 기복

❖ 감정적으로 불안정함

시험공포증을 느끼는 많은 아이들이 자주 울음을 터뜨릴 뿐만 아니라 도저히 울음을 그칠 수가 없다고 말하기도 한다. 모든 것에 극심할 정도로 예민하게 반응하며 어떤 아이들은 패닉 상태에 가까운 감정에 빠지기도 한다. 이 아이들은 시험을 치를 때 처음 몇 문제를 읽자마자 자신 있게 풀 수 있는 것은 하나도 없다고 생각한다. 그리고 나머지 문제를 모두 읽으면 시험은 더욱 어렵게 느껴지기 때문이다.

인지적 반응

❖ 비합리적인 생각

시험공포증이 있는 아이들은 자신이 처한 상황에 대하여 실제와는 전혀 다른 평가를 내린다. 상황을 비관적으로 보는 것이다. 시험을 망쳐서 유급을 하게 될지도 모른다는 두려움 역시 여기에 속한다.

많은 아이들이 시험 도중에 '사고가 정지되는 순간'을 겪었다고 말한다. 그 순간에는 아무 것도 생각나지 않고 머릿속이 텅 빈 것 같았다고 한다. 그래서 알고 있는 것도 충분히 다 쓸 수가 없었다는 것이다.

우리를 찾아온 학생들 가운데에는 가정에서 엄마나 아빠가 시험 공포증을 부추기거나 시험에 대한 압력을 행사한 경우가 많았다. 부모가 그런 태도를 보이는데 아이가 시험에 대해서 과도한 두려움을 갖는 것은 전혀 놀랄 일이 아니었다.

그 중 한 가정에서는 여름방학 때 벌써 아이에게 새 학년(독일에서는 9월에 학년이 새로 시작됨 : 옮긴이)에 치르게 될 시험 준비를 시작하게 했다. 그 시점에서는 아직 아이가 배울 과목의 담당교사도 정해지지 않았는데도 불구하고 엄마는 새 학년에 배울 과목들의 예습 계획을 짜 놓았다.

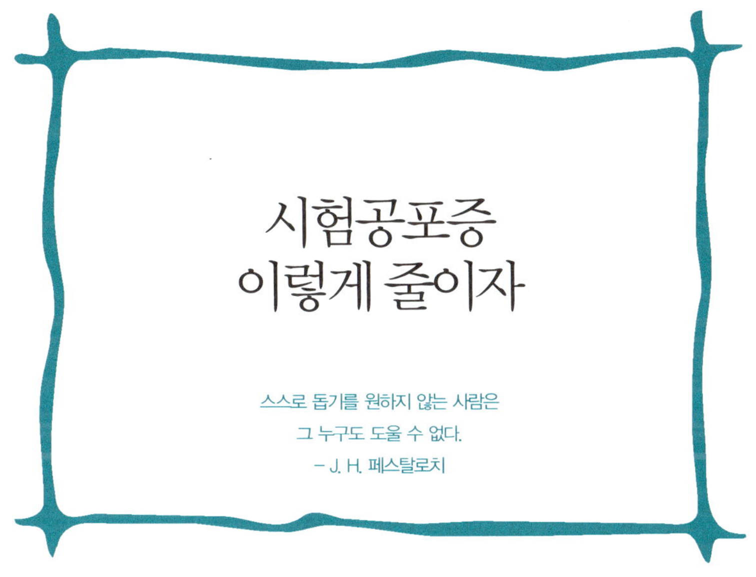

: : 냉정을 잃지 말아야

오늘은 6학년이 수학 시험을 보는 날이다. 학생들은 잔뜩 긴장한 채 자리에 앉아 있다. 교실 안은 시험 시간이 다가올수록 점점 더 조용해진다. 모든 아이들이 교실 전체에 감도는 긴장을 예민하게 느끼고 있다. 숨죽인 목소리로 소곤거리는 아이들이 몇 명 있기는 하지만 아무도 웃지 않는다.

드디어 문이 열리고 수학선생님이 교실 안으로 들어온다. 선생님은 아이들에게 짤막한 인사를 건넨 후 시험지를 나누어 준다. 그러고는 심각한 표정으로 시험 문제지를 나눠 준다. 수잔네는 두 번째 줄에 앉아 있다. 시험지를 받는 순간 수잔네는 무얼 어떻게 해야 할지 도무지 생각이 잘 나질 않는다. 땀이 나고 몸이 안 좋은 것 같으며 눈앞이 흐려진다. 어디에서부터 시작해야 할까?

시험 잘 치르는 방법

1. 시험문제를 하나하나 처음부터 끝까지 정확하게 읽는다. 그리고 중요한 말에는 색연필로 밑줄을 긋는다.

2. 시험문제 전체를 다시 한 번 읽는다. 어려운 문제나 잘 모를 것 같은 문제는 일단 남겨 두고 쉬운 문제부터 풀기 시작한다.

3. 시간을 적절하게 배분하여야 한다. 많은 학생들이 시험에 배정된 시간을 적절하게 사용하지 못하고 시험이 시작되자마자 급하게 서두르는 경향이 있다. 그리하여 논술시험의 경우 어떻게 쓸 것인지 메모를 하고 나서 답안지를 작성하는 것이 훨씬 효율적인데도 불구하고 급한 마음에 문제를 보자마자 다짜고짜 쓰기 시작한다. 논술시험을 볼 때는 단락을 잘 나누어 개요를 작성한 후 써 내려가는 것이 좋다. 그리고 답안지를 다 작성한 후에는 반드시 다시 한 번 검토해 보아야 하며 시간 여유가 있다면 한 번 더 확인해 보아야 한다.

4. 불안감을 느끼기 시작하면 심호흡이나 자기암시 등 긴장 해소에 도움이 되는 방법을 사용한다.

: : 미션 파서블

▶ 특정한 신체적 반응(땀을 흘리거나 과호흡, 심장 박동 수의 급격한 증가 등)
에는 심호흡을 하거나 잠깐 동안 근육 이완 운동을 하는 것이 도움이 된다.

▶ 감정의 기복이 심하게 나타나거나 시험 상황에 대한 두려움을 느끼는 경우
에는 잠시 동안 심호흡 또는 근육 이완법 등 긴장 완화 운동을 하거나 자
기암시를 하는 것이 효과적이다.

▶ 과도한 걱정이나 비현실적인 상상, 사고의 마비와 집중력 장애 등의 문제
가 발생했을 때에는 호흡법이 효과적이며 때로는 긍정적인 생각을 담은 혼
잣말이 도움이 될 수도 있다. 특히 사고가 순간적으로 마비되는 경우 호흡
법을 사용하면 몇 초 후에는 상황이 나아진다.

: : 호흡법으로 기분 전환을!

시험 상황이 아이들에게 거의 '숨쉴 수 없을 정도'의 긴장감을 불
러일으키는 일은 드물지 않다. 몹시 긴장한 아이들은 급하게 숨을
들이쉰 다음 그 상태에서 숨을 참는다. 편안하게 내쉬지 못하는
것이다. 그렇게 되면 쉽게 숨이 가빠지는 법이다. 경우에 따라서
는 과호흡이 되기도 한다.

시험을 치르는 일처럼 심적 부담이 큰 상황에서 순조롭지 못한

호흡은 신체에 공급되는 산소의 부족을 초래한다. 이처럼 심한 긴장으로 인해 호흡이 곤란한 상태에서 우리 몸에 공급되는 산소의 양은 정상적인 상태에서 폐가 들이쉴 수 있는 산소의 50퍼센트에 불과한 것으로 추정된다. 그런데 우리의 뇌는 활동하기 위해서 산소를 필요로 한다. 따라서 보다 많은 산소를 공급하여 뇌가 활발하게 작용할 수 있도록 하기 위해서는 의식적으로 올바르게 호흡해야 한다. '숨을 길게' 쉬라고 하는 말은 공연한 말이 아니며 초조할수록 참을성과 끈기가 오히려 더욱 더 필요하다는 것을 의미하고 있는 것이다.

올바른 호흡은 스트레스를 경감시키는 작용을 한다. 여기서 올바른 호흡이란 가슴만이 아니라 특히 배로 숨을 쉬는 복식호흡을 말한다. 복식호흡에서 가장 중요한 역할을 하는 것은 횡격막이다. 횡격막은 흉강과 복강을 가로로 나누는 근육성의 막으로 복식호흡은 배의 근육을 움직여서 이 횡격막이 복강 아래쪽까지 깊이 내려가도록 하는 호흡이다. 횡격막이 복강 아래쪽으로 내려가면 흉강이 넓어지고 그에 따라 폐는 유입되는 산소를 충분히 받아들일 만큼 확장될 수 있다.

복식호흡은 심호흡이다. 그러나 흉식호흡에서는 복식호흡과는 달리 횡격막이 복강 아래쪽으로 조금밖에 내려가지 않는다. 그 결과 폐가 운동할 수 있는 공간이 작기 때문에 호흡할 수 있는 공기의 양도 적어진다.

심호흡은 원칙적으로 시간과 장소에 무관하게 할 수 있으며 심지어는 다른 사람들이 있어도 눈을 감고 혹은 눈을 뜬 채로 할 수 있다. 심호흡 하는 법을 연습하기 전에 명심해야 할 점이 있다. 심호흡은 결코 무리하게 할 것이 아니라 자연스럽게 '일어나도록' 해야 한다. 심호흡이 절실하게 필요한 시험 상황이라 할지라도 마찬가지다. 억지로 하려고 할 것이 아니라 저절로 하게 되도록 해야 한다. 그래야만 편안한 마음으로 집중해서 할 수 있다.

올바른 호흡법을 연습할 때는 코로 하는 것이 원칙이다. 입으로 숨을 쉬면 코로 하는 호흡보다 훨씬 얕게 호흡하게 된다. 심호흡을 연습하려면 빨리 성과를 보려고 할 것이 아니라 시간을 충분히 할애하여 참을성을 갖고 해야 한다.

저학년 아이의 경우

피곤한 개처럼

네가 피곤한 개라고 생각해 보렴. 입을 한껏 크게 벌리고 가슴과 배 안에 숨을 가득 들이쉬는 거야. 너는 지금 개니까 손으로 입을 가릴 필요 없어. 그 다음에 피곤한 개가 헐떡거리듯이 헉헉거리면서 허파에 공기가 하나도 남지 않을 때까지 짧게 숨을 계속 내쉬는 거야.

이렇게 몇 차례 반복해 봐. 피곤한 개가 하품할 때처럼 얼굴 근육을 움직이면서 입을 크게 벌리고 숨을 들이쉰 다음 헉헉거리면서 숨을 내쉬는 거야. 마지막으로 두 팔을 뻗고 심호흡을 한 번 한 다음 어깨와 팔을 편안하게 늘어뜨리면 돼.

허밍

가슴과 배로 숨을 깊게 들이쉬어. 그러고 나서 숨을 잠시 참은 다음 허밍을 하면서 아주 조금씩 천천히, 숨이 완전히 다 없어질 때까지 숨을 내쉬는 거야.

성에 녹이기

겨울에 유리창 앞에 서 있다고 상상해 봐. 바깥 날씨가 추워서 유리창은 온통 성에로 덮여 있어. 이제 뱃속 깊이 숨을 들이쉰 후 살짝 입김을 불어 성에를 조금씩 녹이는 거야.

증기기관차

뱃속 깊이 숨을 가득 들이쉰 다음 낡은 증기기관차처럼 '쉭쉭' 소리를 내면서 숨을 조금씩 끊어서 내쉬는 거야.

청소년에게 적합한 방법

복식호흡 연습과 효과

배 위에 양손의 가운뎃손가락이 살짝 닿을 정도로 양손을 올려

놓는다. 뱃속 깊이 숨을 들이쉰다. 뱃가죽이 부풀어 올라 양손의 가운뎃손가락이 더 이상 닿지 않게 되어야 한다.

그 다음에 숨을 잠깐 멈추었다가 천천히 내쉬어 가운뎃손가락끼리 다시 닿을 수 있게 되어야 한다. 이것을 몇 차례 반복한다.

다음에 소개하는 호흡법은 필기시험을 보는 학생들을 진정시키는 효과가 있으며 앉은 상태에서 한다.

흥분, 불안, 초조, 두려움을 떨치는 호흡법

1. 앉은 채로 긴장을 푼다. 두 발은 바닥에 닿게 한다. 일정한 속도로 편안하게 코로 숨을 들이쉬고 내쉰다. 들숨과 날숨은 동일한 간격을 유지한다. 이것을 여러 번 반복한다. 이때 가능한 한 복식호흡을 하려고 노력한다. 손 하나를 가슴 아래 배 위에 올려놓고 숨을 깊게 들이쉴 때 손이 올라가도록 해야 한다. 복식호흡을 하면 가슴은 거의 움직이지 않는다.

2. 일정한 속도로 편안하게 숨을 들이쉬고 내쉰다. 숨을 내쉬기 전에 1, 2초간 숨을 멈춘다. 숨을 내쉬는 데 걸리는 시간을 들이쉬는 데 걸리는 시간의 두 배가 되게 한다. 이것을 몇 번 반복한다.

3. 편안하게 숨을 들이쉬고 내쉰다. 숨을 깊이 들이쉰 후 2, 3초 간 숨을 참았다가 허파 속에 공기가 하나도 없다는 기분이 들 때까지 코나 입으로 서서히 숨을 내쉰다.

그 다음 다시 숨을 깊이 들이쉬었다가 2, 3초간 숨을 멈춘 후 허파 속이 텅

빌 때까지 내쉰다. 이것을 몇 차례 반복한다.

4. 편안하게 심호흡을 한다. 숨을 내쉴 때 마음속으로 네가 느끼는 모든 불안과 두려움 그리고 초조함과 흥분감을 함께 내쉰다고 생각한다. 심호흡을 여러 차례 반복하면서 숨을 내쉴 때마다 모든 두려움과 긴장을 함께 내쉬고 숨을 들이쉴 때마다 활기찬 새로운 기운이 너를 가득 채운다고 상상한다.

복통과 구토증을 가라앉히는 호흡법

1. 양 손을 배꼽 아래쪽 배 위에 올려놓는다. 뱃가죽이 풍선처럼 부풀어 오르도록 숨을 뱃속 깊이 들이쉰 후 구멍 뚫린 풍선의 바람이 서서히 빠지듯이 숨을 천천히 내쉰다.

2. 온몸의 긴장을 풀고 이것을 몇 번 반복한다. 그 다음 일정한 간격으로 호흡을 계속한다.

두통을 가시게 하는 호흡법

1. 편안한 자세로 선다. 숨을 깊이 들이쉬고 내쉬면서 두 팔을 위로 뻗는다. 숨을 들이쉰 후 1, 2초간 숨을 참았다가 천천히 숨을 내쉬면서 두 팔을 내린다. 이때 윗몸에서 힘을 빼고 두 팔과 함께 서서히 앞으로 구부린다. 그리고 무릎에서 힘을 빼 무릎을 살짝 굽히면서 손가락이 바닥에 닿게 한다.

2. 이제 머리와 어깨, 팔과 손을 가볍게 흔든 다음 잠시 그 자세를 유지한다. 목에서 힘을 빼고 고개를 숙인 채 편안하고 깊게 호흡을 한다.

3. 천천히 몸을 일으키면서 편안하게 일정한 속도로 계속 호흡한다. 상태가 나아졌다고 느껴질 때까지 이것을 몇 번 반복한다.

불면증을 잠재우는 호흡법

1. 편안한 자세로 드러누운 후 심호흡을 한다. 이때 자신의 호흡에 완전히 집중해야 한다. 숨을 들이쉬면 코로 공기가 들어와서 그 공기가 배와 가슴에 가득차는 것을 느낄 수 있고 숨을 내쉴 때 공기가 빠져나가는 것이 느껴져야 한다.

2. 이렇게 여러 번 반복하면서 점점 더 온몸의 긴장이 풀어지도록 한다. 이제 아무것도 더 이상 자신을 방해하는 것은 없다. 저절로 아주 편하고 고르게 호흡할 수 있을 것이다.

: : 긴장감 줄이는 데 적합한 근육 이완법

점진적 근육 이완법(1920년대 초 미국의 내과 의사 Edmund Jacobson에 의해 개발된 스트레스 대처 기술 : 옮긴이)은 근육의 긴장과 이완 상태를 구별하는 지각 능력을 날카롭게 훈련시킨다. 근육을 긴장시키는 법과 이완시키는 법을 배우면서 근육이 긴장되었을 때와 이완되었을 때 받는 느낌의 차이에 집중하게 한다. 이 방법은 짧은 시간 동안 실행함으로써 (예를 들어 안면 근육의 이완) 시험의 긴장감을 줄이는 데 적합하다.

저학년 아이에게 근육 이완법을 훈련시키려면 그림을 그려서 설명하는 것이 효과적이다. 시험 보기 전에 연습하는 것이 좋으며 어떤 부위의 근육에 대하여 근육 이완법을 실시하고 싶은지 아이 스스로 결정하게 하는 것이 바람직하다. 다음에 소개하는 근육 이완법을 모두 할 필요는 절대로 없으며 하나나 두 가지 정도 하는 것이 적당하다.

손(주로 사용하는 손부터 시작)

오른손에 젖은 걸레를 쥐고 있다고 상상해 보렴. 손으로 그 걸레를 힘껏 쥔다고 생각해. 그리고 점점 더 힘을 줘서 걸레의 물기가 다 빠질 때까지 꼭 쥐었다가 천천히 손을 펴는 거야. 그 다음에 다시 손을 꼭 쥐었다가 또 천천히 펴.

이번에는 왼손에 젖은 걸레가 있다고 상상해 봐. 그리고 왼손으로 그 걸레의 물기가 다 빠질 때까지 힘껏 쥐었다가 천천히 손을 펴는 거야. 그 다음 다시 손으로 주먹을 꼭 쥐었다가 서서히 주먹을 펴자.

이제 양손에 젖은 걸레를 하나씩 쥐고 있다고 상상해 보렴. 양손에 있는 걸레의 물기가 빠질 때까지 힘껏 두 주먹을 쥐는 거야. 그러고 나서는 천천히 두 손을 펴. 그 다음 한 번 더 양손의 걸레를 꼭 쥐어짰다가 손을 펴 봐.

반드시 여러 번 반복할 것!

팔뚝

네가 아주 힘이 센 어른이라고 상상해 봐. 그리고 네가 얼마나 힘이 센지 보여
주기 위해 알통을 보여준다고 생각해 보렴.

오른팔을 구부린 다음 알통이 솟아오르도록 팔뚝에 힘을 주는 거야. 그 다음
팔을 펴면 근육이 풀리는 게 느껴지지? 다시 한 번 팔뚝을 구부려 알통이 생
기게 한 다음 잠시 멈췄다가 팔을 펴는 거야.

(물론 같은 방식으로 왼쪽 팔뚝 운동을 할 수 있다.)

여러 번 반복할 것!

이마

누구한테 화가 많이 났다고 생각해 봐. 이마도 찌푸리고 미간도 찡그리고…
그랬다가 다시 얼굴을 펴는 거야.

이것을 몇 번 반복할 것!

입과 눈

입술을 뾰죽하게 내밀고 두 눈을 꼭 감았다가 잠시 후 두 눈을 뜨고 입술도
원래대로 하는 거야. 그리고 한 번 더 해 봐.

이번에는 두 눈을 크게 뜨고 입도 크게 벌렸다가 잠시 후 다시 원래대로 해.

이것을 여러 번 반복할 것!

발과 다리

의자에 앉아서 오른발의 발목과 발가락을 위로 젖히면서 힘을 줘 봐. 오른쪽 다리에 힘이 들어가는 것이 느껴지지? 특히 종아리의 근육이 단단해지는 것을 알 수 있을 거야. 잠시 후 서서히 발가락을 본래대로 하면 다리에 힘을 풀려.

이번에는 왼발 발목과 발가락을 위로 젖히고 힘을 준 다음 왼쪽 종아리가 단단해지거든 잠시 멈추었다가 서서히 발가락에서 힘을 빼는 거야.

여러 번 반복할 것!

청소년의 경우

자리에 앉은 채로 근육 이완법을 할 수 있다. 이때 가능한 한 두 눈을 감은 상태로 하는 것이 더 효과적이다. 근육의 긴장과 이완은 여러 차례 반복해야 한다.

근육의 긴장에 필요한 시간은 불과 5초에서 7초 사이다. 이 짧은 순간 자기가 근육 이완법을 실행하는 부위의 근육이 긴장하면서 단단해지는 느낌에 관심을 쏟아야 한다. 그리고 5초 내지 7초 후 긴장시켰던 근육을 풀어준다.

특정 부위의 근육이 긴장하고 이완되는 느낌의 차이에 집중해야 한다.

근육을 긴장시킬 때 연상 작용의 도움을 받으면 긴장과 이완이 매끄럽게 진행되는 경우가 많다.

손 : 손에 젖은 걸레를 쥐고 꼭 쥐어서 물기를 짠다고 상상한다.

이마 : 무언가 골똘히 생각하느라 이마를 찌푸리고 있다가 좋은 생각이 떠올
　　　라 이마를 편다고 상상한다.

눈 : 누군가에게 겁을 주려는 생각에서 눈썹을 올리고 노려본다고 상상한다.

어깨 : "난 잘 모르겠는데." 하고 말할 때 흔히 쓰는 몸짓처럼 어깨를 추켜세운
　　　다고 생각한다.

몸통 : 꼭 끼어서 잘 안 들어가는 바지를 겨우 입고 지퍼를 채울 때처럼 배가
　　　들어가게 한다.

다리 : 바닥에 떨어져 있는 것을 발로 끌어당긴다고 상상하고 다리와 발가락
　　　을 최대한 멀리 뻗는다.

근육 이완법을 실시한 후에는 항상 원상태로 돌아가기 위한 절차를 밟는다.

　　1. 양손으로 주먹을 쥔다.

　　2. 팔다리를 쭉 뻗는다.

　　3. 심호흡을 한다.

　　4. 두 눈을 뜬다.

상세한 근육 이완법의 예

상세한 근육 이완법은 네 가지 단계로 구성되어 있다. 차례대로
전부 할 수도 있고 각자의 필요에 따라 나머지는 생략한 채 특정

부위의 근육에 대해서만 한 가지씩 따로 해도 무방하다.

손과 팔

의자에 편하게 앉아서 최대한 긴장을 풀어 아주 편안한 기분이 들게 한다.

숨을 깊게 들이쉬고 내쉰다. 숨을 들이쉴 때 배가 올라가고 내쉴 때 배가 내려가는 것을 관찰할 수 있어야 한다.

오른손으로 주먹을 쥔다. 그 상태로 5초간 근육의 긴장을 느낀 다음 손을 편다. 오른손은 이제 오른쪽 허벅지 위에 편안하게 놓여 있다. 손가락도 긴장이 풀리고 이완되어 있음이 느껴진다. 이 과정을 반복한다.

오른손으로 주먹을 쥔 후 오른팔을 구부려 팔뚝에 알통을 만든다. 그 상태로 5초간 손과 팔의 근육이 긴장된 것을 느낀 다음 서서히 긴장을 풀어준다. 이제 손은 긴장이 풀린 상태로 오른쪽 허벅지 위에 놓여 있게 된다. 손가락 끝까지 이완된 것을 느낄 수 있다. 이렇게 하는 동안 숨을 천천히 고르게 쉬어야 한다. 이 과정을 반복한다.

오른손과 팔의 근육 이완이 끝나면 왼손과 팔에 대하여 똑같은 방법으로 근육 이완법을 실시한다. 그 다음 양손과 양팔에 대하여 근육 이완법을 실시한다. 이완 상태가 점점 더 퍼져나가는 것을 느낄 수 있다.

얼굴

이마를 찡그리고 눈살을 찌푸리면서 두 눈을 꼭 감은 채 힘을 준다. 5초간 그 상태를 유지한 다음 눈을 뜨고 얼굴을 편다. 이것을 반복한다.

5초 동안 양 어금니를 꼭 깨물어 턱 근육의 긴장을 느꼈다가 원상태로 되돌린다.

혀를 5초간 잇몸에 힘껏 붙였다가 뗀다.

입술을 꼭 다문 채로 5초간 힘을 주었다가 힘을 푼다.

이 모든 과정을 반복한다.

이완 상태가 얼굴 전체에 퍼져나가는 것이 느껴진다.

목, 고개와 어깨

머리를 숙여 턱이 목 아래쪽에 닿게 했다가 머리를 든다. 그 다음 머리를 가볍게 젖혀 고개가 뒤로 약간 꺾이게 한다. 그 상태로 5초간 유지하면서 근육의 긴장을 느꼈다가 긴장을 푼다.

양 어깨를 위로 추켜올린 채로 5초간 멈추었다가 어깨를 내린다.

이 과정을 반복한다.

발과 다리

두 발을 바닥에 댄 채로 5초간 힘을 주었다가 힘을 뺀다. 그 다음 발과 발가락을 최대한 멀리 뻗은 상태로 5초간 긴장시켰다가 이완시킨다.

발목과 발가락을 위로 젖혀 종아리 근육을 긴장시킨 후 5초간 긴장을 느꼈다가 이완시킨다.

근육 이완법을 실시한 직후에는 갑작스러운 동작을 피한다.

: : 잠깐씩의 스트레칭으로 스트레스 해소를!

장거리 비행기 여행을 한 사람이라면 누구나 긴 시간 동안 꼼짝 못 하고 자리에 내내 앉아 있어야 하는 것이 얼마나 불편한 일이지 알고 있을 것이다. 여러 시간에 걸쳐 실시되는 필기시험을 치르는 학생들의 처지 또한 장거리 비행기 승객의 경우와 다르지 않다. 이런 경우 앉은 자세에서 몸을 움직이는 것이 스트레스를 경감시켜 상황을 좀 더 견디기 쉽게 만들어 준다. 사실 우리 몸은 여러 시간 똑같은 자세를 유지하기 힘들기 때문에 어쩔 수 없이 그렇게 해야 할 상황에 처하면 스트레스가 쌓이게 마련이다.

필기시험을 볼 때는—딱딱한 의자에 앉은 상태에서—20~30분에 다음의 순서대로 한 차례씩 스트레칭을 하는 것이 효과적이다.

1. 두 다리를 동시에 앞으로 쭉 뻗은 후 바닥에서 몇 센티미터 뗀 상태로 몇 초간 정지했다가 내려놓는다.

2. 두 팔을 앞으로 쭉 뻗었다가 옆으로 움직인다.

3. 고개를 돌린다(아니면 앞뒤로 혹은 옆으로 움직인다). 이때 고개의 근육을 긴장시켰다가 이완시킨다. 그리고 턱을 위아래로 흔든다.

4. 어깨를 앞뒤로 움직이거나 위로 추켜올렸다가 내린다.

5. 앉은 자세를 바꾼다.

: : 평화로운 장면 떠올리면 마음이 편안해

시험공포증을 완화시키는 또 다른 효과적인 방법은 눈을 감고 특정한 장면을 떠올리는 것이다. 그 장면은 대부분 소풍을 갔을 때나 휴가 여행지에서 직접 경험한 상황의 한 장면이다. 혹은 초조감이나 불안감을 느꼈던 상황에서 마음을 진정시키기 위해 떠올렸던 장면일 수도 있다.

마음을 진정시키는 효과가 있는 장면을 떠올리려고 하는 사람은 다음 몇 가지에 유의해야 한다.

마음을 진정시키는 장면으로는…

▶ 조용하고 평화로운 장면이라야 한다.

▶ 가능한 한 우리의 모든 감각(청각과 후각, 미각, 촉각)에 골고루 자극을 줄 수 있는 것이라야 한다.

▶ 긍정적인 분위기라야 한다.

▶ 한 번쯤 꼭 가보고 싶은 곳이나 가 보았던 곳의 장면인 것이 좋다.

▶ 거기에 있다면 행복감이 느껴질 그런 장면이다.

나는 북해로 여행 가는 것을 무척 좋아한다. 그래서 학창 시절 시험 시간에 마음을 진정시키려고 할 때면 늘 북해의 쥘트 섬 풍경을 떠올렸다. 보통 쥘트 섬의 긴 해안을 떠올리면 마음을 진정시키는 파도가 보이는 것 같았다. 그리고 맨발에 밟히는 따뜻한 모래, 갈매기 울음소리와 공기 중에 감도는 짠맛이 느껴지곤 했다. 나는 머리 위에서 따스하게 내리쬐는 햇살과 내 얼굴을 가볍게 스치는 바람을 느낄 수 있었다. 해변에 부서지는 파도 소리가 들렸으며 멀리서 갈매기 울음소리가 들려오고….

마음을 진정시키는 장면을 떠올리려고 하는 사람은 편안하게 휴식을 취하는 기분으로 해야 한다.

가능한 한 앉은 상태에서 가장 편한 자세를 취한 후 심호흡을 한다.

두 눈을 감고 서서히 긴장을 푼다.

이제 아무것도 방해될 것이 없는 고요하고 평화로운 상태가 된다. 두 팔은 편안하게 놓여 있다. 아주 고요하고 편안한 기분을 느낀다. 두 다리도 모든 긴장이 풀려 편안한 상태로 이완되어 있음이 느껴진다. 주변의 모든 것이 사라지고 머릿속에는 아름다운 장면이 떠오르기 시작한다….

▶ 아름다운 정원

▶ 해변

▶ 호숫가

▶ 산 위

▶ 봄을 맞은 초원

▶ 수북하게 쌓인 낙엽

▶ 울창한 숲의 입구

▶ 베란다…

시험공포증을 느끼는 아이들이 마음을 진정시키는 장면을 떠올리면서 일종의 행동 지침으로 자기암시를 병행하는 경우 무척 효과가 있다. 자기암시의 예로는…

▶ 나는 시험에 합격할 거야.

▶ 시험 볼 때 침착하게 볼 수 있을 거야 그리고 생각이 잘 날 거야.

▶ 나는 공부 많이 했어.

▶ 나는 지금 전혀 불안하지 않아.

▶ 나는 시험 준비 충분히 했어.

▶ 공부한 것이 다 생각날 거라고 자신 있게 말할 수 있어.

▶ 정답을 알아맞힐 수 있어.

▶ 나는 공부하는 게 어렵지 않아.

▶ 최선을 다할 거야.

마음을 진정시키는 장면을 떠올린 후 원상태로 되돌아가려면 양손을 꼭 쥐고 두 팔을 위로 올린다. 숨을 깊게 들이쉬었다가 내쉰 후 눈을 뜬다.

동물의 경우 두려움은 무엇보다도 외부의 자극에 대하여 느끼는 반응이다. 많은 개들이 폭풍우가 칠 때면 구석으로 숨는 것은 그런 이유 때문이다. 천둥 번개가 치면 두려움을 느끼기 때문이다.

그와는 달리 인간이 특정한 상황이나 행위들에 대해 두려움을 느끼는 것은 그 상황이나 행위들이 위험하거나 위협적이라고 생각하기 때문이다. 부모들은 아이들이 공부를 잘 하게 하려는 의도에서 아이들에게 끊임없이 시험 성적 나쁜 것이 얼마나 창피한 일인지 그리고 그것이 얼마나 좋지 않은 결과를 가져오게 될 것인지 강조한다. 그런 말을 듣고 자란 아이가 시험을 잘 못 보는 것이 끔찍한 일이라는 말을 하게 되는 것은 당연한 결과가 아닌가!

이처럼 인간이 느끼는 감정적인 불편함 혹은 장애는 외부에서 일어난 사건이 일차적인 원인이 되어 발생한 것이 아니다. 그 사건에 대한 판단에서 비합리적인 생각이나 입장이 실제 의미를 왜곡시키기 때문에 생기는 것이다. 이미 오래 전에 그리스의 철학자 에픽테트는 그러한 관점을 "인간을 두렵게 만드는 것은 사물 그 자체가 아니라 바로 그 사물에 대한 인간의 생각이다."라는 말로 표현했다. 그리고 미국의 정신분석학자 엘리스는 그러한 입장을 바탕으로 약칭 '감정의 ABC'라 불리는 그의 유명한 '감정의 해부학' 이론을 확립하였다. 감정의 ABC란…

A는 발생한 사건을 가리키고,

B는 그 사건에 관한 생각이나 입장, 연상되는 장면 등을 가리키며,

C는 그 결과로 나타나는 감정이나 행동 등의 반응을 가리킨다.

ABC라는 순서에서도 분명히 알 수 있듯이 특정 사건에 따른 결과로 나타나는 감정이나 행동, 즉 C를 유발하는 것은 A가 아니라 바로 B, 다시 말해 생각과 입장인 것이다.

방학 때 쥘트에서의 훈련 중에 우리는 파도가 넘실대는 해변에서 헤엄치는 두 소년을 관찰할 기회가 있었다. 한 소년은 불안해하는 것처럼 보일 정도로 무척 조심스러운 태도를 보였다. 그 아이는 파도가 다가올 때마다 얼른 뒤로 비켜났다. 그러다가 갑자기 높은 파도가 덮쳐 아이는 미처 피하지 못하고 바닥에 내동댕이쳐지고 말았다. 그러자 그 아이는 잔뜩 겁에 질린 표정으로 울면서 도망쳤다.

옆에 있던 다른 소년은 파도가 덮칠 때마다 파도를 타고 넘으려고 하면서 즐거운 비명을 질렀다. 갑자기 높은 파도에 쓸려 해변에 내동댕이쳐졌을 때도 그 아이는 큰 소리로 웃더니 신이 난 듯 소리를 지르면서 다시 바다로 몸을 돌려 다음 파도를 향해 달려갔다.

두 소년 모두 갑자기 높은 파도에 휩쓸려 해변에 나동그라지는

동일한 경험(A)을 했다. 그런데 한 아이는 신이 난(C) 데 반하여 다른 아이는 겁에 질려 우는(C) 반응을 보였다. 파도에 휩쓸려 내동댕이쳐지는 경험을 하는 동안 두 아이가 그 경험에 대하여 서로 다른 생각과 입장(B)을 가진 것이 상이한 감정과 행동 방식(C)이라는 결과를 가져온 것이다.

시험을 볼 때도 위와 비슷한 상황이 존재한다고 볼 수 있다.

발생한 사건-A : 시험지가 배부된다.

감정과 행동의 반응-C : 많은 아이들이 속이 이상한 것 같고 얼굴이 창백해지며 초조감을 느끼거나 안절부절못하고 심한 불안을 느낀다(C). 그리고 그와는 달리 관심을 갖고 시험 문제를 읽으면서 자기가 공부한 것이 출제되어서 기뻐하고 자신 있는 태도로 시험에 임하는 아이들도 있다. 그 아이들은 기분이 좋다(C).

이 경우에도 상이한 반응을 불러일으키는 것은 상이한 생각(B)이다. 시험지가 배부되는 상황은 똑같다. 그러나 한쪽에 속하는 학생들은 지난 시험을 '망쳤다'는 생각이나 시험공부를 충분히 하지 못했다는 걱정 때문에 시험 치르는 것이 끔찍하다는 생각이 드는 순간 두려움을 경험한다.

그와 반대로 다른 쪽에 속하는 학생들은 시험지를 받는 순간 자기가 공부한 것이 출제되었다는 생각에 안심하는 학생들 혹은 시험을 항상 괜찮게 보았기 때문에 비교적 침착한 태도로 시험에 임하는 학생들일 것이다. 이 학생들은 시험을 치르는 것이 기쁜 일은 아니지만 그렇다고 크게 두려워할 일은 아니라고 받아들인다.

이와 같이 두 집단의 학생들이 서로 다른 반응을 보이는 것은 발생한 사건 때문이 아니라 그 사건에 대한 그들의 생각 또는 판단의 차이 때문이다. 여기에서 긍정적인 감정을 불러일으키는 생각은 당연히 아무런 문제가 안 된다. 그러나 부정적인 느낌을 갖게 만드는 생각은 시험을 치르는 학생의 컨디션에 악영향을 미친다.

비합리적인 어리석은 생각

엘리스는 열두 가지의 비합리적인 신념에 '어리석은 생각'이라는 이름을 붙였다. 그의 이론에 따르면 거의 모든 비합리적인 생각은 바로 이 열두 가지의 어리석은 생각에서 비롯된 것이다.

1. 주변의 모든 사람들로부터 항상 사랑과 인정을 받아야 한다.

2. 스스로 가치 있는 존재라고 생각하려면 모든 면에서 완벽할 정도로 유능하고 성공적이어야 한다.

3. 이 세상에는 그 자체로 나쁘고 사악한 인간들이 존재하며, 그들은 자신들의 나쁜 행동 때문에 비난받고 처벌받아 마땅하다.

4. 일이 바라는 대로 되지 않는 것은 분명 끔찍한 비극이다.

5. 우리가 느끼는 불행의 원인은 외부에 있다. 따라서 우리는 우리의 괴로움이나 정신적 문제에 거의 아무런 영향도 미칠 수 없다.

6. 실재하는 혹은 우리가 생각하는 위험은 언제라도 닥칠 수 있으므로 우리는 그에 대하여 항상 크나큰 근심을 할 수밖에 없다.

7. 어떤 종류의 어려움은 도전하여 극복하려고 하는 것보다 피하는 것이 더 쉽다.

8. 우리는 끊임없이 타인에게 의존할 수 있어야 하며 자기가 기댈 수 있는, 자기보다 더 강한 존재를 필요로 한다.

9. 나의 과거는 나의 현재 행동에 결정적인 영향을 미친다. 그러므로 한때 나의 삶에 영향을 미쳤던 것들은 앞으로도 계속 그러할 것이다.

10. 우리는 다른 사람이 곤란한 행동을 하거나 문제가 있을 경우 당황할 수밖에 없다.

11. 인간이 겪는 각각의 문제에는 반드시 완전무결한 단 하나의 해결책이 있으며 이를 찾지 못한다면 엄청난 불행이다.

12. 모든 것이 100퍼센트 확실해야만 살아갈 수 있다.

비합리적인 가정 1, 2, 5, 6, 8, 9, 11과 12에서 비롯된 생각은 두려움과 패닉, 죄의식과 의심 등을 불러일으킨다. 그리고 죄의식과 의심 역시 그 주된 감정은 두려움이다.

3, 4와 7 그리고 10은 분노와 공격성 및 좌절감 등 적대감을 표출하는 감정들을 유발한다.

문제는 많은 아이들이 자기 생각이 비합리적이라는 것을 스스로 인정하고 또 어느 정도 그것을 극복하려고 애써 보기도 하지만 그것을 버리지 못한다는 사실이다. 어떻게 하는 것이 그 아이들을 돕는 길인가? 겉으로 분명하게 드러나는 혹은 쉽게 이해할 수 있는 비합리적인 생각들은 쉽게 발견되고 해결될 수 있다.

그러나 비합리적인 생각이 복잡한 구조를 가지고 있으면 그것을 갖고 있는 당사자가 그것을 제대로 의식하지 못하거나 쉽게 알아차릴 수 없기 때문에 합리적인 생각으로 전환시키기가 훨씬 더 어렵다. 저학년 아이의 경우는 종종 비합리적인 생각 또는 그런 생각을 담고 있는 말 대신 그와 반대되는 경우를 말하거나 써 보라고 하는 것만으로도 충분하다.

어리석은 생각을 현명한 생각으로 바꾸려면

아이들은 자기 자신에게 계속 긍정적인 생각을 불어넣는 법, 스스로 용기를 북돋는 법 그리고 비합리적인 생각을 합리적인 생각으로 전환시키는 법을 배울 수 있다. 그리고 부모는 아이가 자신의 비합리적인 생각을 그와 반대되는 합리적인 생각으로 바꾸기 위해 노력할 때 도움을 제공할 수 있다.

어리석은 생각 파헤치기

비합리적인 어리석은 생각을 불러일으키는 상황을 주제로 하여 수업 중에 다음과 같이 다루어볼 수 있다.

어리석은 생각	현명한 생각
시험에서 '가'를 받으면 다들 내가 멍청하다고 생각할 거야.	어쩌면 이번 시험을 망칠지도 몰라. 하지만 내가 잘 하는 것도 많아. 그리고 시험 못 본다고 해서 내가 형편없는 사람이 되는 것은 아니야.
시험을 망치면 부모님과 선생님 그리고 아마 친구들까지도 날 무시할 거야.	부모님이 나를 사랑하시는 건 분명해. 시험 점수가 나쁘면 실망하시기는 하겠지만 항상 내 편이라는 사실은 변함이 없을 거야. 선생님은 내가 필기시험보다는 구술시험에 더 강하다는 사실을 잘 알고 계셔. 그리고 여태까지 모둠별 학습에 열심히 참여한 것도 알고 계시니까 다음번 필기시험은 잘 치를 수 있도록 도와주실 거야. 필기시험 점수가 좋지는 않아도 선생님은 나를 좋아하셔. 그리고 내 친구들이 정말 친구가 맞다면 내가 어떤 점수를 받거나 상관 안할 거야.
구술시험에 떨어진다면 끔찍한 비극이야.	구술시험 때문에 걱정이야. 붙을 수 있을지 어떨지 알 수가 없어. 하지만 시험 준비 많이 했으니까 잘 보도록 최선을 다해야지. 시험에 떨어질 것 같진 않지만 설령 그렇게 된다 하더라도 끔찍한 비극은 아니야. 다음에 다시 볼 수 있잖아.
칠판 앞에 나가 문제를 풀다가 틀리면 애들이 다 볼 테고 날 정말 공부 못하는 아이라고 생각하겠지.	칠판 앞에 나가 문제를 풀어야 할 때는 확실히 긴장이 되고 떨려. 내가 문제를 어떻게 푸는지 많은 애들이 쳐다보는 건 사실이야. 문제를 잘 풀려고 노력할 거야. 금방 풀지 못하면 선생님이 도움말을 주실 거야. 아이들이 어떻게 생각할지는 알 수가 없어. 어차피 딴생각을 하느라 별로 신경 쓰지 않는 아이들도 많아. 우리 반 아이들은 대부분 날 좋아해. 그 아이들은 내가 다른 과목은 잘 한다는 걸 알고 있어.

앞에 나가 발표를 하다가 말을 잘못 하면 아이들이 웃겠지. 그럼 창피해서 쥐구멍에라도 들어가고 싶을 거야.	발표하다가 말을 잘못한 적이 한 번도 없는 사람은 없을 거야. 말을 잘못 하면 얼른 고쳐서 말한 다음 침착하게 발표를 계속하려고 노력할 거야. 아이들이 웃는다 해도 그건 개인적으로 날 비웃으려고 하는 건 아니라는 걸 알아. 그냥 웃겨서 그런 거니까. 사실 다른 아이가 발표하다가 말을 잘못 하면 나도 웃는걸.
시험 볼 때 너무 긴장하고 초조해서 공부했는데도 기억나지 않는 게 많을 거야.	시험공부 열심히 했다는 걸 나 자신이 알고 있잖아. 물론 시험이니까 떨리고 긴장되는 건 사실이야. 하지만 정신 차리고 집중하면 틀림없이 공부한 게 많이 생각 날 거야. 다음번에는 좀 더 침착하게 시험 보려고 노력해야지. 마음을 진정시키기 위해서 심호흡을 할 수도 있어. 그럼 분명히 효과가 있을 거야. 그리고 시험 치를 때마다 점점 더 상황이 좋아질 거야.

▶ 학생들에게 학교에서 어떤 상황에 처했을 때 두려움을 느끼는지 혹은 느꼈는지 생각해 보라고 한다. 새로운 학교에서 맞는 첫날, 앞에 나가서 발표를 할 때 혹은 학예회에서 독주를 맡았을 때 등

▶ 그런 각각의 상황에 대하여 그 상황에 처했을 때 속으로 한 생각 중에서 부정적인 생각들을 적어 보라고 한다. 저학년 아이들의 경우에는 예를 몇 가지 들어 준다.

▶ 저학년 아이들의 경우 쓰는 대신 그림으로 표현할 수도 있다.

▶ 학생들이 자신의 부정적인 생각을 기록한 후 그것이 바로 두려움을 불러일으키는 요인이었음을 깨달으면 두려움이 느껴졌을 때의 감정을 자세히

적게 한다.

▶ 학생들 자신이 부정적이고 어리석은 생각에 대응하는 긍정적이고 현명한 생각을 충분히 잘 표현할 수 있는 경우도 많이 있다. 다만 여기서 수업 중에 어리석은 생각을 파헤치는 것은 어리석은 생각에 대한 대안들을 수업의 주제로 삼아 활발하게 논의해 보기 위해서이다.

마르크는 여덟 살로 2학년인데 선생님이 일어나서 읽어 보라고 하면 거부한다. 읽을 수 없다고 주장하면서 절대로 읽으려 하지 않는 것이다. 그래서 선생님은 개인적으로 매일 조금씩 읽기를 지도한 후 짧은 이야기 한 편을 읽어 보라고 시켰다. 그랬더니 이번에는 선생님한테 화를 내거나 아예 교실 밖으로 도망치면서 읽기를 거부한다. 선생님은 마르크와 함께 '감정의 ABC'를 밝혀 보기로 한다.

A (문제가 되는 사건) : 나는 학교에서 일어나 큰 소리로 읽기가 싫다.

C (감정과 행동) : 나는 기분이 나쁘고 슬프다. 나 자신에게 화가 난다. 그리고 몸이 떨리고 내가 '완전 얼어 버릴까 봐' 겁이 난다.

선생님이 마르크에게 일어나서 읽으라고 하면 무슨 생각이 드는지 묻자 놀랍게도 마르크는 자기 생각을 쭉 나열한다.

B (생각) :

1. 난 잘 모른다.

2. 아이들 앞에서 매일 이야기를 하나씩 읽는 건 끔찍하다.

3. 나는 잘 읽지 못한다.

4. 나는 집중하기 어려울 때가 종종 있다.

5. 나는 읽고 쓰기를 하지 못한다.

6. 읽다가 문장을 빠뜨리고 읽기는 싫다.

7. 반 아이들이 전부 나를 싫어하고 나를 흉본다.

8. 읽을 때 목소리가 떨리지 않으면 좋겠다.

9. 읽을 때 잘못 읽는 일이 없으면 좋겠다.

마르크에게 가장 중요한 생각은 7번(반 아이들이 전부 나를 싫어하고 나를 흉본다)이었다. 선생님의 도움으로 마르크는 반 아이들 전부가 자기를 비방하는 것은 아니라는 사실을 그리고 한두 아이의 비난을 받더라도 크게 상처받을 일이 아니라는 사실을 알게 되었다.

그 아이는 또한 선생님과의 대화를 통해 아이들 전부가 정말로 자기를 싫어하는지는 자기 자신도 사실상 모른다는 것을 깨달았다. 그리고 잠시 생각한 다음 몇몇 아이들은 자기를 좋아하는 것 같다고 인정하더니 다음과 같이 말했다. "이야기 하나를 처음부터 끝까지 다 읽는 건 못 하겠어요. 하지만 조금만 읽어도 된다면 절반 정도까지는 읽어 볼게요." 선생님은 마르크의 생각에 찬성했다.

그래서 다음날 마르크는 어떤 이야기의 일부를 읽었는데 아주 잘 읽을 수 있었다. 실수는 거의 없었다. 아이들은 마르크가 읽기를 끝내자 박수를 쳤다. 마르크는 자기가 의외로 상당히 잘 읽을 수 있다는 사실을 알게 되었다. 선생님은 마르크를 칭찬했다.

그 후로는 마르크는 자기가 읽을 차례가 되었을 때 거의 문제가 없다. 물론 여전히 낭독을 썩 좋아하는 것은 아니지만 예전처럼 기분이 나쁘거나 슬프거나 화가 나지는 않으며 목소리가 떨리는 일도 이제는 없다. 아직도 조금 불안감을 느끼기는 하지만 마르크는 이제 잘 읽었을 때의 만족감을 맛보기도 한다.

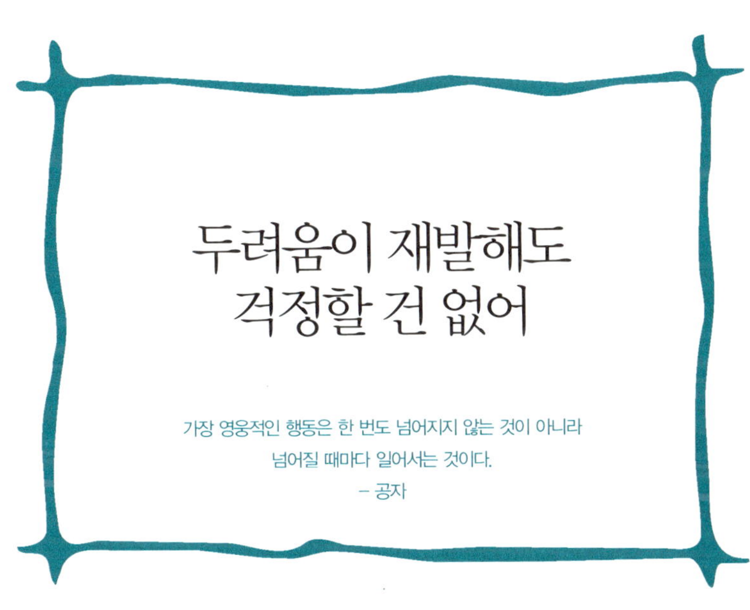

두려움은 종종 주기적으로 반복하여 일어난다. 불안 증세를 보이는 아이들 가운데 상당수가 두려움이 시간적인 간격을 두고 나타났다 사라지기를 되풀이하는 현상을 보인다.

부모는 아이의 두려움이 '재발할' 가능성을 충분히 염두에 두고 있어야 하며 아이가 두려움을 극복했다고 안심했는데 다시 두려움을 보인다고 좌절할 필요는 없다. 오히려 언제라도 다시 찾아올지 모르는 아이의 두려움에 대처할 준비를 하고 있어야 한다. 모든 문제가 해결된 것처럼 보이는 기간이 길게 유지되더라도 아이가 두려움을 완전히 극복한 것은 아니라는 사실을 잊지 말아야 한다.

아이의 자신감을 키워 주는 일은 아이의 두려움에 대처하는 가장 좋은 방법이다. 확고한 자신감을 갖게 함으로써 아이의 두려움이 줄어들 뿐만 아니라 아예 발생하지 않도록 할 수 있다.

그럼에도 불구하고 두려움이 재발하는 경우, 이는 지극히 정상이며 결코 절망할 일은 아니다.

사실 아이의 불안 증세가 일상생활에 큰 지장을 초래할 정도가 되면 부모가 좌절감을 느끼는 일이 흔히 있다. 부모의 입장에서 보면 간단한 해결책이 있는데도 아이는 받아들이려 하지 않는다.

아이의 그런 태도를 부모는 이해할 수가 없다. 따라서 부모는 당연히 아이의 상황에 대하여 공감하기가 점점 힘들어진다. 그리고 아이에게 화를 내는 일도 많아진다. 부모는 아이에게 계속 두려워할 것이 아니라 상황을 개선하기 위해서 적극적으로 노력해야 하지 않겠느냐고 비난한다. 부모는 점점 더 참을성을 잃게 된다.

이런 경우 일단 문제 상황으로부터 어느 정도 거리를 두는 것이 좋겠다. 기분 전환을 위해 친구를 만나거나 목욕을 하거나 책을 읽는 일 또는 운동을 하거나 자기가 좋아하는 일을 함으로써 아이의 문제로 생긴 긴장과 스트레스를 풀고 새로운 에너지를 충전할 필요가 있다. 아이가 느끼는 두려움으로 인해 발생한 문제 상황은 조급하게 해결하려고 할 것이 아니라 침착하게 대처하는 것이 훨씬 더 좋은 방법이기 때문이다.

이 책을 옮기면서 무엇보다도 놀랐던 것은 독일에서 학교에 다니는 아이들이 뜻밖에도 심한 스트레스에 시달리고 있다는 사실이었다. 물론 아이가 초등학교에 입학하자마자 부모의 최대 관심사가 자기 아이의 학교 성적이 되어 버리고 '명문대를 가려면 특목고에 가야 하고, 특목고를 가려면 심지어는 초등학교 3, 4학년부터 선행학습을 해야 한다'는 우리나라의 현실에 비할 바는 아니지만 막연하게 우리 아이들과는 다른 학교생활을 하고 있을 것이라 짐작했던 독일 아이들이 학교 가기를 두려워하는 모습은 의외였다.

그런 의미에서 이 책은 독일과 우리나라의 교육 현실에 뚜렷한 차이가 있음에도 불구하고 아이들이 하루 중 가장 많은 시간을 보내야 하는 학교라는 공간이 아이들에게 불안과 고통을 주는 장소가 되는 것을 막기 위해서 부모나 교사가 무엇을 할 수 있는가를 보여주고 있다.

옮기는 과정에서 우리나라의 상황과 너무나 달라 불가피하게 조정하거나 삭제해야만 했던 극히 일부 내용을 제외하고는 원저에 충실하게 번역했기 때문에 때로 충분히 공감하기 어려운 부분이 있을 수도 있다.

그럼에도 불구하고 이 책을 쓴 두 저자가 가장 원했던 것은 어떤 이유에서 발생했든지 학교에 대한 두려움으로 인해 학교 가기를 싫어하는 아이를 둔 부모가 그 아이를 도와 아이가 즐겁게 학교생활을 할 수 있게 되는 것이며, 이 책을 읽게 될 모든 한국의 부모에게 우리가 바라는 것도 바로 그것이다.